대숲을 찾는다

현대수필가 100인선 · **11**

대숲을 찾는다

송차식 수필선

해암

| 책머리에 |

자화상

머물 듯 흘러가는 구름
머리 위에 화관으로 이고
영취산에 앉아
마음을 식히려 무념무상
차방에서 울궈 마신다

세사를 부여안고
몸부림치던 기억
단발마 쏟아내던 서러운 나날들
놓을 줄 몰랐다

구름은 머물 듯 흘러가고
물안개 안겨주고 떠나는 것
본래 모습임을 알게 되고

집착의 끈 걸머잡고 매달리던
생목숨 실어 보낸다

속없이 치솟는 마음에
어깻죽지는 달마의 죽비가
폭포처럼 쏟아져 내리면
가부좌 틀어 앉아
마음 뜨겁게 달궈 낸다

(2025년 부울신문 신춘문예 시 당선 작품(10편 중1)

| 작가의 말 |

수필 쓴다는 것은 내 마음의 양식이며
생의 활력소가 되기도 합니다.
언 15년의 글 속에 묻히어 수필집 4권,
시집 2권을 발간하였습니다.
책 한 권씩 낼 때마다 설레던 그 가슴을
떨림으로 여섯 번의 경험을 가졌습니다.
이번에는 조금은 떨림보다는 설렘의 희망으로
수필 선집을 발간했습니다.
한 권에 10편씩 뽑아서 40편 수록,
그 지난날의 회상이 됐으면 하는 바람입니다.
수필이 나의 시간 호수였다면 푸른 산이 될
것입니다. 밝은 모습에 조금은 서정적인
글감들이 많이 내재한 선집이 될 것입니다.
책을 발간한다는 것은 항시 내면으론 부끄럽고
부족하다는 생각이 앞서는 것은 어쩔 수 없는
겸손인지도 모르겠습니다.
길 가는 분이라면 모든 분께 감사한 마음입니다.

2025년 6월
창밖 으스름한 불빛을 보면서

南菊 송 차 식

| 차례 |

첫 번째 수필집
달이 참나무가지에 걸리다

- 12 • 낙엽 밟는 소리
- 17 • 달이 참나무가지에 걸리다
- 21 • 대숲을 찾는다
- 26 • 물水
- 30 • 소리
- 34 • 수필이란 무엇인가
- 39 • 아침을 여는 사람들
- 44 • 유학길에 오르다
- 49 • 싸노소리
- 53 • 편지를 써야겠다

2 두 번째 수필집
그날부터

- 60 · 개울물 소리
- 65 · 그날부터
- 70 · 돌담 쌓은 풍경
- 76 · 불꽃 하늘로 치솟다
- 80 · 뿌리
- 84 · 얼이 담긴 대마도
- 89 · 초원을 달리다
- 94 · 한편은, 애잔한 이별이다

| 차례 |

 세 번째 수필집
구름아, 이 가을 너도 아는지

- 100 · 구름아, 이 가을 너도 아는지
- 104 · 남국南菊
- 108 · 내 삶의 굴레
- 113 · 달 집
- 118 · 미역의 풍미와 추억
- 122 · 바위
- 126 · 삼국유사의 숨결 – 군위군
- 130 · 술래바퀴처럼
- 135 · 언등
- 139 · 치앙마이 기행

4 네 번째 수필집
수측다욕 壽則多辱

- 146 · 고욤
- 151 · 기후변화
- 156 · 깨치지 못한 것이 많다
- 161 · 돌아온 핸드폰
- 165 · 맛의 승부
- 170 · 벌의 생태
- 175 · 복덩이라 부르리
- 180 · 수명이 다하다
- 185 · 수측다욕壽則多辱
- 190 · 수필 쓴다는 것
- 195 · 신행新行

- 204 · 그곳은, 광활한 대지다(기행문)

대숲을 찾는다

송차식 수필선

1

달이 참나무가지에 걸리다

낙엽 밟는 소리

달이 참나무가지에 걸리다

대숲을 찾는다

물水

소리

수필이란 무엇인가

아침을 여는 사람들

유학길에 오르다

파도소리

편지를 써야겠다

낙엽 밟는 소리

바람이 분다. 바람에 가장 가벼운 먼지가 맴을 돌면서 위로 치솟아 오른다. 봄부터 물이 오르기 시작한 잎사귀들은 따사로운 햇볕 아래 산소를 공급한다. 할 일이 끝나기나 한 듯 서서히 잎사귀는 무지갯빛깔로 변색한다.

가볍게 불어오는 바람에도 쉽사리 힘없이 떨어지는 낙엽이 된다. 오가는 사람들의 발길에 차이고 짓눌린다. 끝내는 한 줌의 흙으로 돌아가는 윤회의 운명을 맞이한다. 그들 또한 들을 수는 없더라도 속삭이면서 각자 운명의 길을 가기 위해 준비를 할 것이다.

산을 오르는 때가 있었다. 떡갈나무나 참나무들이 군림하여 낙엽이 쌓이고 굴러 다니는 것을 자주 볼 수가 있다. 밟으면 바스락거리는 소리가 좋아 누워도 보고 뒹굴어 보기도 하고 낙엽들의 원망에는 아랑곳하지 않았던 것 같다.

  그것들은 그 자리에서 비를 맞고 가라앉으면서 자연으로 돌아가 다시 봄이 되면 환생하는 잎사귀들을 도울 것이다. 돌고 도는 연속의 생을 살아간다. 우리 인간은 그들의 환생을 도움받으며 호흡한다.

  일전에 전남 순천만 갈대숲을 찾았다. 몇 차례 갈 때마다 추위로 갈대밭은 더욱 스산함을 느끼는 계절이었다. 11월의 갈대밭은 아름답다 못해 황홀한 물결의 움직임이었다. 멀리 일렁이는 갈대숲은 마치 솜 뭉텅이가 나풀거리는 형상이다. 바람이 살짝 지나갈 때는 바다의 파도가 일렁이며 지나가는 것 같다.

  나풀거리는 갈대의 솜털은 어디로 다 날아갈까. 그곳에 그냥 주저앉아 버리지는 않을 것이다. 마치 바닷물이 썰물이 지나간 시간이었다. 오후 4시가 지나면서 바닷물이 밀려들어 배를 띄울 수 있다고 한다. 갈대의 사이사이로 배를 저으면서 숨어 우는 바람에 벅차서 함께 울어보는 상상도 해 본다.

  한낮의 해는 짧아서 갈대밭을 한 바퀴 돌고 나니 전체 모임의 시간이 되었다. 오백 명의 무리는 어느 순간에 한 곳에 모여 기수별로 사진 촬영을 하고 버스에 올랐다. 햇볕이 알맞게 내려 쪼이는 갈대밭은 잊을 수 없는 추억으로 간직되었다.

오래전 아들이 캐나다에 유학하러 갔을 때 처음으로 혼자서 아들을 만나러 비행기를 탔다. 짧은 영어 실력에 공항에서 당황한 적이 있었다. 돌아와서는 영어 회화한다고 학원에 문을 두드리기도 하고 애를 썼지만, 큰 차도는 없었다.

캐나다는 공원이나 호수들이 아주 크고 넓은 곳이 많았다. 물이 많아 물을 팔아서 가구마다 돈을 내주는 캐나다의 정부는 우리와는 다른 관례이다. 이른 아침에 서둘러 맑고 투명한 호수를 여러 곳을 관광했다. 전혀 오염되지 않은 자연에 그대로 너무나 맑은 호수들이었다.

때는 잎사귀들이 다 떨어지고 푸른 잔디들이 누렇게 변해가고 있었다. 넓은 잔디밭에는 전체가 낙엽으로 깔리고 사람들은 햇볕을 찾아 일광욕을 즐기고 있었다. 우리나라의 풍토와는 사뭇 다르다는 것을 느꼈다. 기회가 되면 다시 한번 그곳들을 찾아보고 싶다.

그때 나는 머릿속에 생각나는 시 한 편이 있었다. 레미 더 구르몽의 '낙엽' 이란 시가 뇌리를 스친다.

시몬, 너는 좋으냐? 낙엽 밟는 소리가.
시몬, 나무 잎새 저버린 숲으로 가자.

낙엽은 이끼와 돌과 오솔길을 덮고 있다.
낙엽 빛깔은 정답고 모양은 쓸쓸하다.
낙엽은 버림받고 땅 위에 흩어져 있다.
해 질 무렵 낙엽 모양은 쓸쓸하다.
바람에 흩어지며 낙엽은 상냥히 외친다.
발로 밟으면 낙엽은 영혼처럼 운다.
낙엽은 날갯소리와 여자의 옷자락 소리를 낸다.
가까이 오라.
우리도 언젠가는 낙엽이리니, 가까이 오라.
밤이 오고 바람이 분다.
시몬 너는 낙엽 밟는 소리가 그렇게도 좋으냐.

캐나다에서 가이드로 일하고 있는 손 부장님 생각도 머리를 스친다. 그분은 저보다 한 살 아래인 분인데 마산이 고향이라고 하셨다. 서울상대를 졸업하고 삼성연구소에 있다가 쓰러지는 후배를 보고는 이민을 결심하게 되었다고 한다. 정말 선비 같은 분이셨다. 캐나다 여기저기를 데리고 다니면서 설명도 하고 아이 학교도 가고 많은 시간이 흘렀지만 잊을 수 없는 한 사람으로 여겨진다.

사람은 만나서 그 상황에서만 도움받고는 까마득히

잊고 살아가는 망각의 동물에 지나지 않는 것 같다. 모든 걸 다 기억하면서 산다면 제대로 살아가는 사람이 몇이나 될까. 잊으면서 추억으로 여기며 살아가야 온전하게 사는 모습이 될 것이다. 떨어져서 밟히는 낙엽 또한 그러하리라.

달이 참나무가지에 걸리다

 유난히 조용하고 적막하다. 보름이 지난 지가 며칠인가 보다. 모두가 잠든 늦은 밤, 풀벌레들도 휴식을 하는지... 창가에 빛을 내는 달님은 나뭇가지로 그림을 그리며 더욱 선명하게만 보인다. 멀리 영롱한 달빛이 참나무가지에 걸쳐 마치 바람에 일렁이는 모습이다. 한참을 바라보니 눈의 착시 현상으로 깜깜하게 느껴진다.
 영남 지방의 건조주의보, 폭염주의보가 내렸다. 오후 2시 이후로는 바깥출입을 금하고 가축이나 농작물에 주의를 기울여야 한다고 국민안전처에서는 긴급 메시지가 날아온다.
 46층의 집안 공기가 찜통 같은 상항이다. 에어컨의 덕으로 밤잠을 설치지 않고 다음 날을 지탱한다. 유월 말에 돌아가신 친정어머니의 재가 마치 일요일이 되어서

일, 삼, 오, 칠 재만 재를 하기로 하여 휴가 중에 오 재를 하러 갔다. 형제들이 다들 한곳에 모일 수 있는 유일한 행사가 되었다.

8월의 햇살은 겁도 없이 무작정 내리쪼인다. 이글이글 타오르는 따가운 볕이다. 형제들은 바쁜 듯이 각자 일상으로 돌아가고 우리 가족은 기장시장에 들렀다. 시장에는 더워서 열기로 가득하지만 살아서 벌떡거리는 생물들의 천지였다.

조개 종류랑 고동 문어 해삼 등 여러 가지 시장을 보았다. 부산의 시장 물가보다는 그리 비싸지 않게 살 수 있었다. 생물인 만큼 급히 언양의 산내 통나무집으로 와야 했다.

오랜만에 들리는 집이었다. 만나는 분마다 반색한다. 올해는 가지마다 미어지도록 열린 보리수나무의 열매를 그냥 지나쳐 버렸다. 엄마의 영혼이랑 맞닿았기 때문이다. 탐스럽도록 빨간 색깔을 보이는 보리수 열매는 온데간데없고 빈 가지만 무성히도 올라와 있었다. 잔디는 발등을 덮고 담벼락의 꽃가지들은 폐가의 몸골로 변신하고 있다.

따가운 햇살을 등에 업었지만 그곳의 집 안은 토굴에 들어가듯 시원한 냉기이다. 기온의 차이가 컸다. 사방이 푸른 숲으로 둘러싸여 산소의 양이 풍부해서일까. 남편은 아들을 동원하여 집구석구석을 정리하고 다듬고 바깥에는 영산홍 나뭇가지를 다듬어 준다.

돌계단 입구에 수호신으로 버티고 있는 모과나무는 보는 이들의 가을을 재촉하는 풍성함을 자아낸다. 무성히 우뚝 자란 잔디들은 주인의 손길을 기다린다. 바위를 친구 삼아 억척스레 살아가는 잎 넓은 쪽 동백은 매미들의 서식처가 되었다. 집의 가보가 되는 바위는 쪽 동백과 매미의 노랫소리에 세월이 가도 변화를 보이지 않는다. 땀으로 범벅이 되는 더위는 식을 줄 모르고 주위는 깔끔하게 정돈이 되었다.

휴가를 맞아 그곳을 찾은 사람들은 또 한 차례 난리를 경험하는 것 같다. 낮부터 몰려든 사람들의 수가 족히 200명 이상 넘을 듯하다. 저녁이 되니 물 부족으로 난감하다. 작년의 경험으로 대책을 하여 물탱크를 두 개에서 네 개로 설치했지만 아낄 줄 모르는 사람들의 모습이다. 물이 없어 저녁도 못 짓는 가구가 있는가 하면 아이들의 물놀이로 흥청거리고 있는 모습은 뭐란 말이겠는가.

이곳이 영남의 알프스라고 칭하는 소호리 산등성으로 냇가가 흐르고 산새가 그림으로 고정되어 있다. 온도가 낮고 오염성이 없는 청정 지역으로 휴가철만 되면 아픔으로 몸살을 앓는다.

일 년에 한 번씩 찾는 가족들의 놀이에 어떻게 말릴 수 없는 일이라고 하면서도 서로가 조금씩만 배려하는 마음이 있으면 하는 아쉬움이 들었다. 오늘 저녁은 나지막이 흐르는 시냇물을 떠다 저녁을 해결할 참이다.

올여름도 유난히 기온이 상승하고 소나기마저 내릴 기미가 없다. 그 틈에 구미 당기는 음식들이 많이 성황을 이루었다. 우리는 토종닭으로 진한 백숙을 해서 구미를 당겼다. 별미였다. 푸른 잔디밭에는 잘 익은 붉은 고추 말리는 작업으로 가을의 풍성함 또한 휴가의 아름다운 묘미였다.

저녁에 모처럼 달이 참나무 가지에 걸리는 것을 본다.

대숲을 찾는다

　속이 비어 무언가 부족하고 약해 보이는 것이 대나무다. 그러나 비어 있는 속에 더욱더 더 질기고 유연한 힘을 갖는 대나무는 흔히 말하는 무소유의 강인함을 보여 준다.
　대나무와 함께 떠오르는 것은 난蘭이다. 대나무와 난은 서로 다른 것 같으면서도 비슷한 상징이 있다. 난은 고요하고 잘 보이지 않는 깊은 곳에서 은은한 향기와 분위기를 자아낸다. 대나무는 비바람과 눈보라에도 중심을 잃지 않고 사철 푸른 잎을 달고 꼿꼿이 서 있는 절개를 보인다. 난의 은근한 자태와 대나무의 강직함은 어떤 고절孤節을 생각하게 한다.
　난은 멀리서 은은히 흘러오는 향기가 코끝을 자극해주는 고귀함이라면 대나무 숲의 바람 소리는 서늘한 기상이 전해주는 의연함이 있다. 쭉쭉 뻗어나가는 생기 넘치는 잎에서 난의 기상을 읽는다. 그러나 대나무 숲은 매서운 잎 사이로 우러러보는 하늘의 푸른빛이 대숲과 어울려 조화의 멋이 있다.

대나무 뿌리는 지면을 기듯이 위쪽으로만 뻗는다고 한다. 대나무를 일컬어 양반 나무라고 하는 이유가 아마 위로 향하려는 뿌리의 성질 때문일 것이다. 뿌리의 밑둥치는 매우 딱딱하고 마디도 아주 촘촘히 줄을 지어져 있다. 흙이 귀한 맨땅을 딛고도 강인한 생명력으로 죽순을 뽑아 올린다.

대나무 숲은 바람을 타고 사각사각 음전한 악기 소리를 낸다. 호숫가의 대숲은 호수의 물결치는 소리로 들리기도 한다. 대숲이 조용히 잠든 밤에는 침묵의 소리가 어떤 것인지를 어렴풋이 깨닫는 느낌에 찬다. 대숲은 하늘에 흘러가는 둥근달과의 대화에서도 사그락거리는 소리의 운치를 보여준다. 참새 소리는 대숲의 단골 메뉴라고 할까.

강직하고 곧은 성격을 가진 사람을 일러 대쪽 같은 사람이라 한다. 부정에 타협하지 아니하고 사사로움을 멀리하는 경우가 그렇다. 주위와 타협이 이루어지기가 어렵고 한쪽만을 고집하는 경우 또한 그렇다. 껄끄러운 마음을 다스리고자 때로는 대숲을 찾는다.

한때는 죽제품이 생활의 중심을 차지했다. 그러나 과학의 발달은 죽제품을 밀어내고 더욱 편리한 생활용품이 자리를 차지했다. 지혜는 지혜를 낳는다던가. 최근에는 대나무 숲을 가꾸어 관광지로 주목을 받아 유명해지는 곳도 있다. 담양의 '죽녹원' 대나무 숲이 무수한 관광객을 불러들이며, 거제도 또한 대나무숲 길인 거제 맹종테마파크가 대숲 바람을 들으며 걷도록 하고 있다. 담양 소쇄원의 대숲 소리는 선비들의 고결한 지조와 절개를 상징한다고 보겠다.

대나무 숲에서 맑은 소리가 나고 그윽한 소리가 들리는 이유는 무엇일까. 대나무는 속이 비어 있다. 바람이 불 때마다 텅 빈 속에서 여러 가지의 악음樂音이 조화를 이루어 퍼지면서 맑은 소리로 들리기도 한다. 주위의 계곡에서 흐르는 소리로 변신하기도 하고 산새가 지저귀는 소리로 들리기도 한다. 때론 구름이 지나가는 소리를 저장해 두었다가 바람의 방향에 따라 울려 밖으로 흘려보내기도 한다.

대나무 뿌리는 악기의 소재가 되기도 한다. 악기의 재료인 대나무 뿌리는 병든 뿌리가 더욱 처량한 소리로 울릴 것이다. 맑고 깨끗하고 혹은 신음하는 은은한 소리로 울릴 것이다. 사람의 삶에도 아픔과 고통이 따라야 성숙한 생의 보람이 될 수 있는 이치를 생각해 봄직하다.

추운 땅속에서 굳건히 견디고 봄에 새로운 힘을 안고 헤치고 올라오는 그 죽순의 기개가 탐스러운 축복처럼 보인다. 여름에는 푸름 그 자체로 따가운 햇살을 잊게 하고 시원한 바람을 일게 한다. 가을 들어 대숲 바람과 함께 꿈과 낭만의 노래로 환상 조를 만든다. 푸른 잎사귀에 내리는 겨울눈에도 아랑곳하지 않는 절개가 더욱 빛난다.

봄비가 내리던 날 죽순의 세력은 대단했다. 잠복해 있던 군사들이 봄비의 신호 아래 일제히 고개를 내미는 함성을 듣는 날이었다. 대나무는 잘라 내는 만큼 다시 죽순을 내밀어 대숲을 무성하게 한다는 것을 어렴풋이 알 수 있었다.

죽순 요리를 하는 방법도 함께 터득해야 한다는 생각이 들었다. 고작 할 줄 아는 것은 삶아서 무쳐 먹거나 찜으로 해 먹는 것 외에는 할 줄 아는 것이 없으니 많아도 무용지물이 된다는 것은 아쉬운 일이었다.

뿌리가 튼튼해야 울창한 대숲이 될 수 있다. 어떤 고난에도 쓰러지지 않고 지탱할 수 있다. 무언가에 깊이 잠기고 싶을 때, 혼자가 되고 싶을 때, 가슴에 일렁이는 그리움이 북받쳐 오를 때, 느릿느릿 대숲을 걷는다.
　무성한 대숲처럼 내 생각의 갈래를 울창하게 키우고 싶다. 더욱 은근하고 웅숭깊은 악기 소리를 내는 악기가 되고 싶다. 속을 비우되 비어 있지만은 않은 나를 세우고자 오늘도 대숲을 찾는다.

물水

 물은 없어서는 안 될 보배와도 같다. 모든 생물은 물이 없으면 생명을 이어 갈 수가 없다. 물의 줄기에 따라 생물이 살아가고 생명의 원천이며 재활을 일깨워 주는 주체이다. 사람이 살아가는 데는 항상 필요하며 물가의 주변을 대상으로 삶의 터전을 마련한다.
 바닷가에 사는 사람들은 해풍을 먹고 산다. 마늘도 해풍 마늘이라 하여 육지 마늘보다 덜 맵고 질이 부드러워 사람들이 많이 이용한다. 바다 주위를 맴돌며 사는 사람들은 바다에서 물질을 하여 생계를 이어가는 경우가 많다. 물을 가까이하다 보니 물의 생태와 환경에 젓어 변함없이 살면서 한평생을 친근하게 물과 어울린다.
 옛날이나 지금이나 물 좋고 정자 좋은 곳이란 사람이 살아가기에 편리한 산을 배경으로 하고 냇가에는 물소리가 들려오는 평온한 곳을 말한다. 이런 곳이 공기 좋고 물의 귀함을 알 수 있기 때문이다.

  화분에 심은 식물에 물을 주는 것을 잊는 때가 있다. 사람이나 식물이나 목이 마른 것은 같은 이치인 것 같다. 수돗가에 옮겨와 흠뻑 물을 쏟아 준다. 고개 숙긴 식물들이 금세 반듯하게 일어선다. 꽃들은 더 싱싱하게 피어나기도 한다. 물의 중요성을 느끼는 것은 식물도 인간 못지않게 같은 맥락인 것 같다.

  근간처럼 불볕더위가 기승을 부릴 때는 시원한 물의 가치를 더욱더 절실하게 느낀다. 찬물에다 얼음을 띄워 마시는 것을 세상에서 제일 맛있는 음식인 것 같을 때도 있다. 물이 없으면 당장 부엌의 설거지가 문제가 될 것이고 세탁도 할 수 없으며 샤워나 목욕도 할 수 없어 많은 불편을 가지는 것은 한둘이 아닌 것 같다.

  요즘에는 수리 시설이 잘되어 있고 인공 호수가 만들어졌지만 내가 어릴 때는 가뭄이 들기 시작하면 흐르는 냇가는 바짝 말라 버리고 논밭은 금이 굵게 갈라지는 경우가 허다했다. 동네 어른들이 기우제를 지내는 모습을 여러 번 보았다. 하늘이 알기나 한 듯 며칠이 있으면 빗줄기를 내려준다. 믿음의 신성을 여기는 것은 자연의 이러한 경우인가도 싶다.

물은 언제나 소중함을 보여 주지만 때론 해가 되기도 한다. 비바람이 몰아치고 폭풍이 불어올 때는 냇가나 강가가 삽시간에 불어난 물난리를 겪고 많은 인명피해와 전답이나 소중한 재산을 잃기도 한다. 바닷가에서는 배가 파손되고 뒤집히고 하여 사정없이 바닷속으로 몰고 가 버리는 피해를 보기도 한다. 물의 위력은 마귀와도 같을 때도 있다.

잔잔한 호숫가의 온순함과 성난 파도의 대조에는 부드러움과 아주 포악한 양상을 보여 준다. 사람들은 이 두 조화의 자연을 만나면서 아름다운 풍경을 만들어 간다. 출렁이는 바닷가의 바위들은 성난 파도의 쓰다듬는 손짓에 갈고 닳려서 각양각색의 예술품이 만들어져 사람들의 감상 품이 되어 찾는 길을 제공해 주기도 한다.

맑은 물에는 민물고기들이 떼를 지어 몰려다닌다. 얼마 전 많은 비가 내릴 때 냇가가 넘쳐 나갈 정도로 흙탕물이 흘러내렸다. 고기떼가 다 떠내려가지 않았을까 했다. 얼마가 지나 어디서 많은 고기들, 피라미, 지름 쟁이 특히 다슬기는 바위마다 새까맣게 자라고 있는 것을 보았다. 신기했다. 어디에 숨어 있다 되살아나는지…

자연의 조화와 생명의 신비였다. 맑은 물에서 사는 생물만이 끝까지 살아서 다시 생명이 연결된다는 것을 알 수 있었다.

　한전 농사인 하우스를 하는 곳을 둘러보았다. 밭에는 싱싱하게 채소들이 자라나고 있다. 주인의 손길이 부지런함을 보이고 있음이다. 넓은 들판에는 군데군데 설치된 스프링클러로 채소들에 물을 뿌려 주고 있다. 사람의 힘이었지만 자연이 이루어 내는 것만큼이나 예술 작품처럼 보였다. 모든 생명은 물을 떠나서는 존재할 수 없음을 새삼 깨닫게 되었다.

소리

 봄의 소리는 기름칠을 한 듯 마음속에서 매끈거리며 속삭이는 운치가 있다. 푸르무레한 것이 순한 느낌이 들어 마음에 든다. 여명과 더불어 소리는 빛깔도 있고 형태가 있는 직해 보인다. 아침 해가 둥글게 솟아오를 때는 붉은빛에 붉은 소리가 날 것 같다.
 자연의 흐름 속에는 다양한 소리가 있다. 미세한 저음의 풀벌레 소리가 있는가 하면 천둥번개 치는 고성 굉음도 있다. 우리는 사계절의 변화무쌍한 소리에서 묘한 맛을 배우고 느끼면서 살아간다.
 사막의 소리는 모래알이 서걱거리는 운치가 있다. 모래가 휘몰아칠 때는 요란한 군중의 소리처럼 넓은 사막을 휘몰아칠 것이다. 얼음으로 뒤덮인 시베리아에서 살고 있는 사람도 나름대로 느끼는 소리에 적응하며 산다.

빙판의 얼음장 터지는 소리, 액체에서 고체로, 다시 액체로 돌아가는 변화의 몸짓이 빙판을 송두리째 흔들 것이다.

 사계가 뚜렷한 우리나라는 봄에 다양한 꽃이 피는 애틋한 소리도 있다. 장마철의 눅눅한 뒷골목의 소리, 지나는 계절에 익숙해 변화해 가는 탈색의 소리, 찬바람 서리에 만물이 움츠리는 외로운 소리에도 적응하면서 살아간다.

 개구리는 긴 겨울잠에서 봄 소리를 듣고 깨어난다. 나무 그루터기에서 움이 돋는 소리, 봄을 준비하면서 만물은 보드라운 봄비 소리에 귀 기울이면서 회환의 눈물로 보답한다.

 물이 오르는 식물들의 소리는 절정에 이르려는 즐거운 몸짓이다. 한 포기의 풀, 한 그루의 나무도 기세를 치세며 싱그러운 소리로 그들만의 세계를 채운다. 장마철에 제철을 맞은 곰팡이나 이끼들도 나름대로 즐거운 소리를 한다. 인간들이 들을 수는 없어도 그들만의 소리를 내며 잘 자란다. 그러나 비정한 태풍과 홍수로 아끼던 소유물이 소실될 때는 자연에 대한 원망 섞인 소리를 퍼붓는다.

 가을은 소리의 천국이다. 황금빛으로 탈바꿈하는 곡

식들이 한들거리는 풍성한 소리에 마음이 넉넉해진다. 톡톡 튀는 콩깍지 소리에서 정감을 느낀다. 척박한 땅에 심은 무, 배추가 무럭무럭 자라는 소리, 자연만이 만들 수 있는 소리가 경이롭다.

귀에 들리지 않는 소리지만 마음에 크게 와닿는다. 만물들이 제 몫을 다 하였다는 듯이 동절기의 변화에 순응한다. 인간의 삶과는 크게 다르지 않다는 것을 실감한다.

포자식물로 엽록소의 공생체로, 나무껍질이나 바위에 붙어 살아가는 지의류도 있다. 유기체에 기생하는 균류인 곰팡이나 미생물도 있다. 미생물은 많은 일을 한다. 항생물질을 생성하기도 한다. 항생물질은 다른 미생물의 발육을 억제하거나 사멸시키는 역할을 하면서 보이지 않는 소리를 잉태하기도 한다.

나뭇가지는 북쪽으로 부는 바람 소리에 기울어 뻗는 것이 견고하고 강하다. 남쪽으로 뻗는 나무는 여리고 약한 감이 있다. 사람도 따뜻한 남쪽의 사람보다 북쪽의 사람들이 추위에 견디는 힘이 강하다.

식물도 다양한 몫의 소리를 낸다. 야생野生식물, 자생自生식물, 귀화歸化식물 등 쓰임과 환경에 따라서 발육이 달라진다. 식물은 오랜 세월을 거치면서 환경에 적응하여 생존할 수 있는 특성이 변화한다. 그것은 환경을 이

긴 자생식물이 된다. 자생식물은 인간의 손을 떠나서 자란다. 거친 환경을 이기느라 고생의 비밀을 터득한다. 지역과 계절의 변화에 따라 독특한 맛과 향기와 소리 등으로 살아가는 생활을 익힌다.

산이나 들, 강이나 바다에 저절로 나서 자라는 것이 자생식물이다. 사람도 자신의 힘으로 살아가는 경우를 자생력이 강한 사람이라 한다. 또한 잡초 같은 사람이라 이른다. 귀화식물의 경우는 원 생지에서 다른 지역으로 옮겨와 그곳의 기후와 풍토에 적응하여 자생하게 된다.

모든 생물이나 무생물은 특유의 모양과 소리를 가지고 있다. 아름다운 소리, 그렇지 못한 소리를 갖는다. 한갓 먼지에도 생명이 있다고 하지 않는가. 생명이 있는 것은 소리를 안다.

생물과 무생물은 서로 의존하면서 산다. 공생 공존하는 법을 터득한다. 한 목소리의 합일체合一體가 되는 통섭通涉의 원리를 볼 수 있는 자연계의 소리가 마음에 닿는다.

수필이란 무엇인가

 수필이란 무엇인가. 인간이 살아가는데 어떻게 살아야 하는지를 진솔한 해답을 얻어내고 싶은 것이다. 나 또한 수필처럼 살아보려고 한다. 좀 더 격이 달라지는 관대한 분위기를 만들고, 경솔하지 않으며, 깊은 눈으로 모든 것을 거르고, 진실한 바탕에서 좀 더 부드럽고, 은은하며, 포근한 감동이 있는 수필 같은 삶을 갈망하고 있다.
 한 편의 수필을 쓴다는 것은 내일을 여는 오늘의 과제이기도 하다. 체험을 떠나서는 살 수 없는 것이 인간이다. 일상생활에서 얻는 직간접적인 느낌이나 사색으로 인격을 덧붙여 피와 살이 되는 것이 몸소 겪을 수 있는 경험과 체험이다.
 자주 일어나지 않는 감동의 체험이 기억의 실마리를

엮으면서 원고지 위에 펼쳐진다. 창작인은 곰삭은 정신 내면을 충분한 여과 과정을 거치면서 작품이라는 양식의 진실 체험이 솔직하게 표현된다. 보고 느끼는 것들이 감정 정리와 함께 영상화로 비칠 때 문학적이라는 통일을 이룰 수 있는 것이다.

체험이 풍부하다고 해서 좋은 작품이 되는 것은 아니다. 체험해서 그대로 옮겨 쓰는 것이 수필이 되는 것은 더욱 아니다. 심화하고 자신의 성격이나 인생관의 통찰력이 조화되지 않으면 좋은 수필이 나오지 않는다. 적은 체험일지라도 무르익는 구상 능력이 어떻게 표현하느냐에 따라서 글의 우수성이 나타난다.

수필에서 매력을 갖춘다면 감각이 있는 구수한 유머라던가 주위를 즐겁게 하는 분위기가 만들어진다면 금상첨화가 아닐까 싶다. 어려움이나 고난이 다칠지라도 수필 닮은 모습으로 담담하게 대처한다면 우리 주변은 가일층 부드럽고 푸근해지면서 품격이 나타나리라 믿어진다.

누구나 수필을 쓰기 위한 다양한 체험이나 경험을 접하게 된다. 사물을 지나치거나 예사롭게 보지 않는 자세부터가 진솔함이 있어야 한다. 이는 폭넓게 살피는 오감五感을 통하는 예민성이 있어야 하겠다. 수필을 쓸 때는 신선한 정서라든지 진솔한 문장들이 찾아질 때는 그 매력에서 벗어나기가 쉽지는 않다.

한 달에 한 번씩 찾아다니는 문화 답사의 체험이야말로 수필을 꽃피울 씨앗이 되는 좋은 계기가 되고 있다. 가끔 계기가 되는 곳에서 수필 청탁이 오면 쫓아다니며 얻은 답사의 경험을 순식간에 써 내려갈 수 있는 보물이 되기도 한다.

굳이 체험이 아닐지라도 우연히 친구나 지인의 대화라든가 나만의 사색에서도 수필의 착상을 떠올리게 되는 계기도 있다. 얼른 내 품으로 끌어들여 내 안의 것으로 품어야 한다. 어렵사리 얻은 자식의 동경으로 이제저제 살피며 품어야 한다.

글을 쓰기 위한 자세를 가다듬고 그 착상을 연결해 본다. 글에서 어떤 삶이 묻어나고 있을지, 어떤 의미를 담을 것인지, 핵심을 부각하는 생각에서 숨바꼭질을 해본다. 어떤 주제로 생동감 있는 소재를 불러 들어야 하는지를 마음의 체험으로 답사를 해 본다.

일단 소재를 찾고는 수필의 전체 메뉴를 머릿속에 굴러 본다. 틀 속에서 요점을 적어서는 쓰기로 진입을 한다. 수필을 쓸 때는 퇴고의 매력에 있다는 것은 과히 불가불이다. 틈나는 대로 해야 한다는 것이다. 과연 나는 그런 퇴고의 정성을 들인 지가 몇 번이나 될까.

　살아온 생이나 살아야 할 삶의 모습들이 어렴풋이라도 떠올리게 했는가. 주제와는 무관하지는 않았는가. 소재 연결은 적소 적시에 맞는가. 아름다움은 흐트러지게 하지는 않았는가. 무리한 상상은 없었는가. 온갖 생각에 생각을 동원하고서 점검을 해본다.

　우리는 한 편의 수필을 쓸라치면 수십 번을 거듭거듭 다듬고 바로 잡아야 하는 부분이 나타난다. 이런 것들이 퇴고의 매력 포인트가 되는 것이다. 어설프게 써 내려간 서두序頭가 읽을수록 신중하지가 않을 때가 있다. 좀 더 신선한 문구가 없을까 고뇌 속에 빠지기도 한다. 또한 산뜻한 말로 여운을 남기면서 생기를 북돋아 주는 글 전체를 결말結末에서 찾지를 못한다면 아쉬워지는 무게를 싣고 말게 된다.

　수필을 쓰면서 나름대로는 심혈을 기울였다고 생각은 하는데 독자들로 하여금 이 사람은 무엇 때문에 이 글을 썼는가 하는 책망에 이르지나 않을까 하는 염려에 늘 두려움이 앞선다. 한편의 글은 심혈을 기울이고 개성적인 표현 문장으로 순수한 정성이 필요하기 때문이다.

　아직은 풍부한 글쓰기의 경험이 부족한 기로에 서 있지만 주어진 틀을 거울삼아 더 발전적인 내가 되기를 바란다. 부족한 나를 채우면서 품격을 쌓아야겠다.

수필을 무엇 때문에 써야 하는지는 삶의 무게에 따라서 추는 움직일 것이다.

아침을 여는 사람들

 마지막 한 장 남은 달력이 반을 훨씬 지나간다. 겨울이 실감 나게 제법 차가운 날씨다. 연말이 다가오니 차량 통행이 분주하다. 행사가 많고 외출이 잦아진다. 아침을 여는 사람의 향기를 맡고 싶다.
 일요일이라 아침을 준비하지 않고 일찌감치 서둘러 먼 길을 갈까 한다. 일찍 일어나 부산을 떤다. 식사 준비를 하지 않으니 할 일이 없는 것 같다. 남편과 함께 도시를 벗어나 남창이라는 시골 장터를 가기로 한다.
 울산 쪽으로 잘 터인 국선도로는 해돋이를 가장 빨리 볼 수 있다는 간절곶이 바다의 햇살에 아름다운 절경이 되고 있다. 여러 가지 해산물이 유명한 곳으로 신선한 회의 맛은 관광객들이 많이 찾아든다.
 남쪽의 창고라는 남창은 지금에도 오일장이 성행되고

있다. 아직도 전국에는 많은 곳에서 오일장이 열리고 있으며, 지역에 따라서 1. 6일, 2. 7일, 3. 8일, 4. 9일, 5. 10일에 오일장이 열린다. 남창은 3. 8일에 장이 서는 날이다.

장날이 아니어서 그런지 조금은 썰렁하고 주위는 불을 지핀 사람들이 옹기종기 모여서 얘기를 나누고 있다. 장이 열리는 장터는 천장에는 두꺼운 비닐로 방패 막은 있었지만, 겨울바람에 낯달같이 차가움으로 둘리어 있다. 앞쪽의 장터 국밥집에서는 일찍부터 국밥 끓이는 아주머니가 분주히 얼굴에 하얀 김으로 에워싼다.

부산에서 가까운 시골 장으로 시장에서 바로 보이는 남창역은 동해남부선의 유일한 철로로서 시장을 찾는 사람들의 교통수단으로 이용되고 있다. 장터국밥 집을 찾아서 안으로 들어가니 벌써 아침 식사하고 있는 분들이 여럿 있었다. 국밥은 진한 뼈 따기 국물에다 밥과 콩나물을 말아 얼큰하게 끓인 것으로 깍두기와 어울려 고향 찾아온 것 같아 정감이 간다.

국밥집 아주머니는 매일 이른 새벽부터 준비하여 여러 곳에서 찾아오는 손님을 맞이한다. 시장 이름이 특이하게 '옹기종기 시장'이라 그러한지 사람들이 많이 찾아오는 시골 장터의 유래인 것 같다.

주위에는 남창의 명물인 옹기의 집단촌이 있다. 집마다 옹기를 산더미같이 쌓아 놓고 연말을 기대하고 있다. 옹기가 몇 개 필요하여 둘러보기로 한다. 눈살 매가 있는 남편은 기계식보다는 수작업으로 만든 옹기를 만지고 살펴본다. 기계로 만든 옹기는 모양과 유약 바른 것이 조금 텁텁하고 깔끔하지가 않았다. 수작업의 옹기가 튼튼해 보이면서 뚜껑의 모양이 미적 감각이 있고 유약 바른 것이 안전해 보인다.

 수작업의 옹기는 두 배의 가격 차이가 있다. 가슴에 안을 수 있는 만큼의 크기를 한 개 십일만 원씩을 주고 두 개 골랐다. 소중하게 애지중지하면서 오래 써야겠다. 언제인가부터 타파나 플라스틱에 담아 먹는 음식이 옹기 쪽으로 기울고 있다.

 남창의 장터를 둘러보니 사람 사는 맛을 느껴본 것 같아 마음은 풍성하다. 샀던 옹기 하나를 들고는 주말농장으로 가기 위해 찬 공기와 함께 차는 달린다. 이미 수확으로 모든 걸 다 내어준 빈 땅들은 서로의 추위를 감싸며 주인을 반긴다. 큰바람 나무의 까치집에서도 반가운지 서로 다투어 큰 소리로 환영한다. 지난번 농작물에 해를 끼치는 까치들이 성가시어 피치 못할 변을 당하게 한 일이 불현듯 떠올라 안쓰러웠다. 사람은 시간이 지나

아침을 여는 사람들 41

면 지난 일은 까마득히 잊고서 새로운 삶에 집착하게 되는가 싶다. 햇살이 오르면서 기온이 올라 휑한 벌판에도 따뜻한 온기가 스며든다.

가져간 옹기는 살얼음으로 에워싼 설익은 홍시를 넣어두고 갈 때마다 하나씩 내어 먹을 것이다. 무 배추 수확을 하고 뒤처진 무시래기와 배추 우거지를 하기 위해 솥에다 물을 끓이고 데쳐 오기로 한다. 그것들은 뜨거운 물에서는 아주 새파랗게 비타민과 섬유소가 많은 영양 시래기가 된다.

잘 다듬은 시래기에다 마른 멸치와 생새우, 파, 마늘 온갖 양념을 넣고 된장으로 버무려 한 번씩 끓여 먹을 수 있도록 저장하고 있다. 국의 종류는 다양하지만, 시래기 된장국은 속을 편안하게 해 주면서 추운 겨울날에는 이만한 스태미나 음식은 또 있을까 싶다.

들릴 때마다 무엇이든 풍성하다. 마음만큼이나 가져오는 것도 가득하다. 얼마 전 소금에 굴러 옹기에 담아 놓은 동 김치가 알맞게 익은 향이 난다. 큼직한 타파 통에 한 통 퍼서 왔다 부지푀로 덮은 겨울 상지가 먹음직스럽고 추위에 얼었다가 풀렸다 납작하게 땅거미에 엎드려 있는 시금치가 제철을 맞아 맛 들어 보인다.

몸이 부지런하면 마음도 풍성하여 편안한 생활이 지속된다는 가르침을 남창 장에서 익힌다.

유학길에 오르다

 2003년 큰아들이 부산 초읍중학교를 졸업하고 부산 진고등학교에 입학했다. 입학하여 두 달도 되기 전 5월에 캐나다 유학길에 오른다. 3월에 출국해야 하는데 '샤스'라는 신종플루 전염병이 돌고 있어 불안하기 그지없었다. 이미 수속은 다 밟아둔 상태여서 전염병의 시기가 가라앉기를 기다렸다.
 캐나다에 배정된 학교는 다르지만, 인근 여중에 다니는 학생이 아버지와 함께 떠나게 되어 조금은 안심이 되었다. 둘째 아들이랑 다섯 명이 마치 이민이라도 가는 양 짐이 산더미 같았다. 그곳도 사람 사는 곳인데 무엇이 없을까만 생활에 필요한 모든 것은 다 갖추어 떠나니 짐이 얼마나 많았던지 짐 챙기기에 힘겨웠다.
 캐나다가 처음인 우리 일행은 그곳의 가이드 선생이

나오시기만을 믿고 넓고 넓은 땅의 밴쿠버 공항에 도착했다. 모습부터가 아이들을 긴장하고 주눅 들게 하는 곳, 맑은 공기가 폐부 깊숙이 다가왔다.

아무리 좋은 곳 넓은 곳이라고 하지만 좁은 땅덩어리인 우리나라의 공기만 할까. 아이들은 이제부터가 중요한 시기가 될 것 같다. 평소에 말을 알아들을 수 있는 정도의 어학 실력은 되어 있었지만, 막상 부딪히니 말문이 막히는 경우도 있었다.

9월에 학기가 시작되고 우선 홈스테이를 정한다. 개학하기 전 3개월은 어학원을 선택해야 한다. 어학원은 우리나라 학원의 수준으로 회비는 학비만큼이나 지불하는 유학생들의 어처구니없는 수업료이었다. 그것도 3개월을 다 채우지 못하고 개학을 하게 되면 되돌려 준다는 것도 뜬구름 같은 말이었다. 좀 더 나은 환경에서 공부할 수 있는 곳인 줄만 알고 떠난 유학길이 부족한 점이 한둘이 아니었다.

유학이란 자유로운 생활에 힘든 공부가 시작되는 것 같다. 아이는 나름대로는 잘해 주었고 적응도 잘하는 것 같았다. 많이 놀고 많이 돌아다니는가 싶더니 영어 회화가 빨리 익숙해지고 능숙하게 늘어만 갔다.

어학원의 공부가 끝나기도 전에 학교에서는 오리엔테

이션이 있다며 연락이 오고 학교로 들어갔다. 그날부터 학교 근처의 백인 가정으로 홈스테이도 정했다. 이는 그야말로 고생의 시작이고 불편함이 말할 수 없었다. 빨래는 물론이고 청소는 모두 본인이 해야 했고 아침, 저녁으로 식사 시간에 맞추지 못하면 굶어야 하는 상항이다. 마음은 언제나 아이들 곁에 가 있고 전화를 할 때도 집 근처의 햄버거로 저녁을 때워야 한다고 먹으면서 귀가하는 상황이 여러 날 있었다. 그래도 밴쿠버에서는 괜찮은 학교라고 하였지만 점심은 도시락을 싸주어 해결했다. 대부분 빵 몇 조각의 도시락에 불과하였지만.

그 나라의 사정이라고 하지만 아이야 어찌 되었든 정시를 고집하고 신경을 써 주지 않는 백인의 홈스테이는 얼마 지나지 않아 접을 수밖에 없었다. 조금 값은 비쌀지라도 한인 가정으로 들어갔다. 남편이 이란 사람이었는데 퍽이나 인상이 좋으면서 성실한 분이었다. 그곳에서 캐나다를 벗어날 때까지 잘 지냈다. 집의 구조가 크고 지하 같은 1층에 2층집은 아이들만이 기거하기에는 다소 불편해 보였다.

가이드로 일하는 분은 가족이 함께 이민을 와서 유학원에서 일을 하고 있었다. 마산이 고향인 그분은 우리 아이들을 너무나 정성껏 보살피고 도움을 많이 주었다.

딸만 둘이라 일요일이 되면 아이들을 데리고 테니스도 하고 야외도 데리고 다니며 성격이 좋은 아이라며 내내 칭찬하면서 떠나올 때는 못내 아쉬워했다.

캐나다의 학교는 우리나라와는 달리 단층 아니며 2층 건물이었다. 가이드와 함께 학교를 한 바퀴 둘러보았다. 이미 서울은 한 집 걸러 한 집씩 유학길에 오른다고 한다. 아이들이 쉽사리 적응되지 않아 고뇌도 많다. 수업 시간임에도 불구하고 여기저기 벤치에서 신문을 둘러쓰고 잠을 청하고 있는 모습도 있었다. 대개가 한국에서 온 유학생이다. 부모들이 그런 걸 다 알 리는 없을 것이다. 인생의 길은 나름대로 정해져 있을 것이라 믿어졌다.

1년 반 캐나다 생활에서 한국 학생 간의 친소 관계로 아이가 전학을 고집한다. 한국 학생들이 없는 곳으로 가야겠다고 한다. 영어는 늘지 몰라도 부모 입장으로서는 그렇게 하기가 쉽지 않았다. 결정을 내려야 하기에 짧은 영어 실력을 갖추고 혼자서 아이를 찾아갔다. '여성은 약해도 어머니는 강하다'는 구절이 유난히 가슴에 다가왔다.

입국장에서 얼마를 지나서야 마중 나온 사람을 만날 수 있었다. 조금은 당황이 되었다. 영어 회화를 좀 배워야겠다는 생각이 들었다. 후에도 회화는 정말로 가슴에 담아지지 않았다.

  그곳 학교를 방문하고 여름방학이 되어 아이를 미국 학교로 전학을 시켰다. 사정이야 어찌하였던 아이를 미국 애리조나주의 학교로 전학한 것은 아주 선택을 잘한 것으로 생각했다.

파도소리

 미포 끝 집이라는 조개, 장어구이 집을 갔다. 어둠에서 밀려오는 거품 같은 파도에 온갖 번뇌를 다 쏟아 버린다. 멀리 바라보이는 광안대교가 유난히 선명하게 드러나고 있다.
 파도소리는 바다에 가지 않아도 들을 수 있다. 마음으로 들리는 잔잔한 음률 같은 소리다. 마음이 불편할 때나 운동을 하고 난 직후 심장의 파도 소리는 아주 격렬하다. 심신이 안온할 때는 심장의 박동 소리는 아주 순한 음반의 파도 소리로 편안하다.
 바닷가를 거닐고 싶어질 때가 있다. 날씨마저 마음을 아는 양 비바람이 몰아친다. 바다는 당장이라도 무엇인가 집어삼키듯 한다. 초원의 동물인 하이에나의 사냥을 떠올리기도 한다. 성난 파도를 바라보고 있으면 사람이 살아가면서 시련을 겪는 인생을 비유해 보기도 한다. 높고 낮음이 있으면 깊고 얕음도 있기 때문이다. 반면 잔잔한 물결이 반짝이는 파도 위는 한 폭의 동양화를 자아내기도 한다.

어느 날 그림을 전공한 지인을 만났다. 송정의 바닷가를 가게 되었다. 나는 젊었을 때였지만 감성이 풍부하지 못하였는지 바닷가의 물결이 빛이 나며 일렁이는 파도의 모습을 감동스럽게 보이지가 않았다. 그런데 그 지인은 정말 감성이 풍부한 느낌이 들었던 것 같다.

멀리서 잔잔하게 밀려오는 파도를 보면서 반짝반짝 모래알이 구르는 모습 같다고 표현했다. 굴러오는 파도의 움직임에 얼마나 감탄을 하든지 많은 시간이 흘렀지만, 그날의 기억이 아직도 생생하게 귓전에 맴을 돈다. 그림을 공부한 탓도 있겠지만 마음속은 이미 한 폭의 그림으로 채워져서 멋진 작품으로 떠올랐을 것이다.

파도는 각각의 생명이 있다. 하물며 미세하게 날아다니는 먼지에도 생명이 있다고 하였다. 파도도 느끼는 감정이 있다. 때에 따라서는 울기도 하고 웃기도 할 것 같다. 파도란 물의 위력이기도 하다. 물의 움직임으로 인간들은 피해를 보기도 하고 살아가는 생활의 활력소를 만들기도 한다.

파도가 운다고 할 때는 우리는 온갖 피해망상에 젖는다. 생명을 잃기도 하고 배들이 뒤집히고 파손되어 재산을 잃기도 한다. 그냥 집채 같은 빙하가 굴러오는 것 같다. 파도가 잔잔하다고 할 때는 고기잡이배들도 만선을 알리면서 돌아올 수 있는 바다의 고마움을 알게 한다.

바닷가에서 주운 조개껍질을 살펴보면 신기한 단면들이 많다. 귀에 가까이 갖다 대면 먼 미지에서 들려오는 파도 소리가 들리는 듯하다. 시원한 느낌도 든다. 많은 시간 바닷물과 함께 한다 "서당 개 3년이면 풍월을 읊는다."라는 말을 생각하게 한다. 조개껍질에서 파도 소리가 들리게 되는 것도 같은 이치일 것 같다.

인간은 살아가면서 많은 일들을 겪는다. 나의 파도 소리는 어떤 것에 비유가 될까. 순풍 같은 길목, 애절한 길목, 폭풍 같은 길목, 다양한 길목을 접하면서 살아가는 것 같다. 내가 지닌 파도 소리는 최소한 큰 병 겪지 않고 의식주 잘 해결할 수 있는 삶이라면 순풍 같은 길목에서 들리는 파도 소리에 비유를 해도 되지 않을까 한다.

모든 것은 마음먹기에 달려 있다는 말을 실감하면서 내 마음의 돛단배는 만선을 한 기폭을 달고 한없이 잔잔한 파도 소리와 함께 순풍의 망망대해를 이어가고 싶다. 파도는 멀리 있을 때가 잔잔함을 느낀다고 한다. 몇 달

전 일본에서의 일이다. 어선의 배가 파도가 밀려올 것을 알고는 더 멀리 깊은 바다로 항해하여 목숨을 건졌다고 한다.

육지로 가까워지면서 더 거세게 밀려와 육지의 건물들을 덮쳐 버리고 집이 부서지고 인명피해가 많았다. 자연의 섭리는 인간으로서는 막을 길이 없었다는 것도 알 수가 있다. 또한 지진이 잦고 해안에서는 습지가 심하므로 나무를 사용한 집들이 많아서 더 피해가 크지 않았을까 한다.

삼면이 바다로 에워싸여 있는 우리나라도 방심해서는 안 되겠다는 마음가짐도 가져 본다. 언제나 계획성이 있고 관심 있는 준비성이 마련되어 있으면 최소한 인명 피해는 막을 수 있지 않을까 싶다.

편지를 써야겠다

 가을이 문턱에 와 있다. 쌀쌀한 기운이 유리창 안으로 서늘한 여운을 남긴다. 멀리 가늘게 비치는 네온사인들도 활기찬 여름과는 달리 불빛이 힘이 없어 보인다. 이내 차가운 불빛 아래 흔들거리며 춤추는 가로등이 되지 않을까 싶다.

 굳이 가을이라고 핑계를 댈 것은 없지만 책을 읽어 볼까 한다. 책꽂이에 있는 책을 훑어본다. 책은 산더미 같건만 엄두가 나지 않는다. 어느 저명인사는 존 스튜어트 밀의 〈자유론 on Liberty〉을 추천해 주신다. 그리고 김동길 박사님의 〈링컨의 인생〉이라는 도서를 추천했다. 나도 가을을 만끽해 보고 싶다.

 어김없는 행사들도 계절을 아는지 오라는 초대장은 여러 곳이다. 문학인 꽃 축제에서도 벌써 여러 번의 초대장이 날아들었다. 문학인 시상식도 있다고 한다. 만인의 친구인 초등의 친구들 얼굴 좀 보자고 성화다. 모두를 다 만류하고 남편을 따라 농장으로 갈 예정이다.

지난 주말에도 농장에 가지를 못했다. 대학원에서 세 과목의 졸업시험이 있었다. 정말 힘들었다. 명절이 있어 짧은 시간 탓도 있었지만, 지천명의 후반이라는 멍에가 큰 부담이 되었다. 돌아서면 앞엣것은 처음 보는 듯했다. 많은 공부 중에 이번이 가장 힘들었던 것 같다. 농장에서의 일들이 육체노동이라면 두뇌 운동의 싸움이 더 버거움을 절실히 느낀다.

가을 농장에는 한여름의 잡초들과 씨름하느라 여름내 고생한 결과가 내 속으로 들어온다. 콩은 잎이 황금색으로 변해가고 열매들이 익어간다. 수수도 여물고 있다. 올해 처음으로 심은 작두콩이 바나나만큼이나 큼직하게 여물고 있다. 석 달 전에 담근 매실 효소도 건질 시기가 되었다.

사람의 생은 유년기에 달을 쳐다볼 때는 틈새에서 보인다고 한다. 청년기가 되면 마당에서 나가 보고 상, 노년기가 되면 누각에 올라서 달을 바라본다고 한다. 유년기가 봄이라면 청년기는 여름이 된다. 여름은 뛰어다니고 온몸을 불사르고 움직여도 자고 일어나면 새 맛이라고 한다. 장, 노년기를 가을로 빗대어 본다.

　아무리 잎이 무성할지라도 뿌리는 오직 하나뿐이다. 가을은 사람을 더 깊게 생각나게 해 준다. 가을은 더 어머님을 그립게 한다. 고향을 그리워하는 시기도 가을에 더 많이 느낀다. 어딘가 편지 한 장 날려 보고 싶은 충동을 해본다.

　편지를 쓴 기억이 까마득하다. 펜으로 쓰는 편지가 무슨 의미가 있을까 하는 마음이 앞선다. 지천에 정보통신이 깔려 있다. 스마트 폰의 속수무책인 알림 편지, 인터넷에 남용이 되는 메일들, 읽고 쓰고 싶은 이 가을이 등화가친燈火可親의 계절이라는 말을 무색게 한다.

　작가나 시인들은 유독 가을에 대한 시나 수필들이 많다고 한다. 영글어 가는 생의 보람이 묻어나는 시기가 아닐까 싶다. 인생의 사계절이 지나면 돌아가는 곳은 오직 한 곳 어머님의 품이라고 한다. 품속이 묻어나는 계절이 가을이라고 여겨지기 때문일까.

　아이들의 청년기를 함께하지 않아 옆에서 일러주는 생활을 못 했다. 편지보다는, 충고보다는 인터넷 메일을 통한 교육을 했다. 몸은 멀어도 집안의 내력이나 가훈을 잊지 않도록 한 것이 다행스럽게도 잘 따라주었다. 인내하여 착실한 자식으로 키운 보람을 느낀다.

메일을 보내어 부모의 마음을 전달한 세월이 10년이다. 지난날의 풍경이 고스란히 남아서 추억이 되고 있다. 지금은 만인이 써서 알림이 되는 카카오톡은 순식간의 급속한 정보통신 시대이다. 우리들은 지난 배경을 보더라도 상상을 초월하는 삶을 살아가고 있다.

가을을 맞는 세대들은 지금의 청년기들에 당당히 말하고 있다. 그래도 우리들은 일하는 보람이라도 가지고 위를 바라보면서 살아온 생이었는데 현세대의 청년들은 어쩐지 까마득해 보인다고 어느 교수는 말씀하셨다. 끝없는 횡보의 모습이 안쓰러워 보인다. 취업의 문은 좁혀만 가고 경쟁은 치열하기만 한 요즘의 젊은 사람들의 어깨가 처지는 모습이다.

각 대학에선 졸업하는 숫자가 해마다 줄어든다고 한다. 과 학우들도 얼굴을 모르고 있어 자꾸만 개인주의로 흘러가는 경향이 있다는 것이다. 여학생들은 메이크업하는 데 드는 비용이 아까워서 졸업사진도 찍지 않는다고 한다.

오히려 정년 퇴임을 한 분들의 취업 문이 더 열려 있다는 것이다. 어느 순간부터는 버릴 것은 버리니 편안한 자세로 일을 맞이하기 때문이다. 청년들은 예전보다 갑절로 노력하고 실력은 늘었지만, 들어갈 곳은 한정이 되어 있기 때문이다. 산업개발과 개발도상국이었을 때는 인력의 부족 현상이 되었지만, 공급이 수요를 못 따라가는 추세가 된 것이다.

편지를 쓰고 싶다. 여유로운 마음을 후손들에게도 연결되어 상부상조하는 알찬 날이 됐으면 하는 바람이다.

대숲을 찾는다

송차식 수필선

2

그날부터

개울물 소리

그날부터

돌담 쌓은 풍경

불꽃 하늘로 치솟다

뿌리

얼이 담긴 대마도

초원을 달리다

한편은, 애잔한 이별이다

개울물 소리

 봄소식을 알려준다. 한동안 가물었던 대지가 촉촉이 적셔지고 움츠렸던 생물들이 고개를 든다. 겨우내 피라미 새끼 한 마리 얼씬도 하지 않던 계곡에는 무언가 활동을 하고 기지개 켜는 움직임이 보인다. 개울가의 모서리들에서 파릇파릇 이름 모를 잡초들이 살포시 고개를 드러내 보인다.
 밤새 제법 봄비 치고는 거나하게 내렸나 보다. 개울물이 쏴~쏴~하면서 요란스레 거품을 내뿜으면서 퍼져나간다. 새들의 울음소리 또한 생기발랄하게 들려온다. 여름에 많은 비가 오면 금세 황토물이 수없이 내려가는 깃에 비해 맑고 비단처럼 보드라운 물결이다. 유난히 햇살에 물이 반짝이기도 한다.
 조금은 아쉽다 싶은 물통이 하나 있다. 봄 맞을 준비

로 농장에 물만 받아 놓으면 바늘 같은 틈새라도 물은 뜬구름같이 새어나가 버린다. 저걸 언제 물탱크 하나 바꾸나 봄이 오기만을 기다린다.

  남편이 방학이 되어 일시 귀국한 아들을 데리고 공사를 한다. 돌멩이로 둘레를 쌓고 시멘트로 공구를 치고 한참 동안 진땀을 흘리고 나서는 미리 사놓은 2톤짜리 물탱크를 올린다. 물탱크는 푸른 옷을 입고 평온하게 자리를 잡는다. 마치 개울의 물이 힘차게 내려가고 있다. 모터에 기름을 치고 큰 호스를 사용하여 물을 퍼 올린다. 개울물은 흙 하나 없이 돌들과 비비면서 맑게 흐른다. 물은 큰 날개를 돋친 듯 순식간에 2톤 탱크를 배불뚝이로 만들었다. 부자가 된 기분이다.

  계곡으로 내려가는 길이 급경사로 내리막길이다. 오르내리기가 다리도 아프고 여간 불편한 것이 아니었다. 바쿠스에 물이라도 올려야 할 때는 더욱 힘이 들었다. 부자지간이 합심해서 곡괭이와 삽으로 돌을 쌓고 흙을 골라서 비스듬히 완만하게 드나들 수 있도록 길을 하나 만들었다.

  금방 쓰임이 있다. 지천에 늘려 있는 냉이를 한가득 캐었다. 소쿠리에 담은 냉이를 개울물에서 앙칼지게 씻고는 완만한 길을 따라 오르니 너무나 수월하게 올라올 수가 있었다. 잠깐의 머리 돌림은 편리한 것을 왜 여태 그걸 몰랐을까. 무지였다.

한가득 캔 냉이는 현지에서 준비한 재료들과 된장찌개도 하고 파에다 듬성듬성 썰어 놓고는 파 부침개를 한다. 천하일색의 맛있는 파전이 되었다. 대형 파라솔을 펼치고 자리한 자연과의 조화이다.

계절의 흐름이 정말 빠른 것 같다. 작년에는 살구나무가 단 한 개의 살구가 열렸다. 수확할 때는 큰 소쿠리로 따야 한다고 한다. 그래야 해마다 거름 하지 않고 많이 열린다고 어른들이 일러 주었다. 그런데 그것도 성과 없이 익기도 전에 떨어져 버렸다. 올해는 꽃 맺음이 얼마나 많이 달렸는지 쳐다보기만 해도 살구의 풍성함이다.

청매실, 홍 매실도 앞다투어 요란스럽게 꽃으로 치장하더니 이내 조그마한 열매로 탈바꿈한다. 유달리 달아서 맛이 좋았던 무화과나무와 오디는 잎이 나기 전에 해충방지약을 뿌려 주어야 한다. 잎이 나기 전에 방지약을 쳐야 오디 열매가 열렸을 때 하얗게 되는 경우를 막을 수 있다고 전문적으로 오디를 경영하는 사장님이 일러 주어 방책을 한 셈이다.

시험으로 머릿속을 열기로 채우니 찬 기운이 필요했다. 주말수업을 마치고 오후에 언양 산내 집으로 원정을 간다. 아직은 모든 것이 겨울잠에서 깨어나지 못한 산그늘인양 모든 것이 꾹 입을 다물고 있다. 머지않아 벚꽃으로 하얗게 이불을 뒤집어쓴 듯한 산자락이며 온 동네의 담벼락에는 영산홍으로 물결칠 걸 생각하니 벌써부터 만연의 웃음으로 가득 찬다.

가련하게 집 지킴이로 눌러앉은 정자에 오르니 모기 눈물만큼이나 찔끔거리고 흘러내리던 계곡이 보인다. 어느새 제법 물소리가 음률이 되어 각양각색의 소리들로 변신을 한다. 나뭇가지에는 아직은 움이 틀까 말까 준비단계인 것 같다. 집 옆쪽에 대형바위는 지질학자에 의하면 몇 만 년 전에 사람이 살았던 흔적이 보인다고 했다. 바위 위로 너울져 있는 쪽 동백나무의 넓은 잎사귀가 매미들이 울어대는 여름을 재촉할 것 같다. 미리부터 더워짐을 느낀다.

먼 날을 위하여 대봉 두 그루를 심는다. 한 그루는 집으로 들어가는 계단 공터에 심어서 계단을 오르며 집 들어가는 즐거움을 만들고 있다. 또 한그루는 추위를 이기지 못해 얼어 버렸다. 5월이 되면 하얗게 꽃이 피어 빨간 열매를 맺는 탐스러운 보리수나무가 널어지는 풍성함으로 집 전체의 미간을 살리고 있다.

여름이 되어 집의 왼쪽냇가에 비만 오면 흙탕물이 되

어 내려오는 물 때문에 아래에 사는 분들이 울산시청에 진정서를 제출하여 대대적인 공사를 하게 되었다. 무수히 있는 나무들을 잘라내고 냇가 전체를 튼튼한 제방공사로 돌담을 쌓았다.

  우선은 전과는 다른 환경에 적응되지 않아 미간이 거슬릴 때가 있다. 하지만 이내 숲이 지고 나무들이 자라게 되면서 주위에 유실나무를 몇 그루 심어서 변화를 만들 것이다. 비가 와도 걱정이 되지 않는 아랫집 주인들의 마음이 편하다는 것에 만족을 할 수밖에 없다.

  냇가정비를 하고부터는 개울물 소리는 유달리 청아한 느낌이 들어 자주 정자 위에 올라 바라봄을 즐긴다.

그날부터

 그는 지천명, 몇 년이 흐른 지금은 이순을 맞았다. 대체로 사회에선 자수성가自手成家한 사례이며 김해에서 중견기업을 하는 사업가이기도 하다.
 어린 시절을 시골에서 자란 탓인지 몸에 밴 통뼈로 웬만한 일은 겁을 내지 않는다. 한동안 골프가 유행 바람이 일고 있을 때는 주말만 되며 집안의 만사를 제쳐놓고 골프에 미쳐 있었다. 가족들도 안중에 없을 정도이다. 온갖 집안의 길, 흉사는 아내의 차지이다.
 취미로 무언가 한곳에 집중하다 보면 싫증이 나는 것인가 보다. 언제부터인가 미래에 대한 꿈을 가지기 시작한다. 취미가 아닌 실생활과 연속이 되는 것이다. 주 5일은 열심히 회사에서 직원들을 다독이고 경영을 하고 주말에는 변함없이 가는 곳, 흙의 냄새이다. 온천장에서 삼사십 분쯤, 일찌감치 전답 칠백 평을 구매했다. 부모가 계실 때부터 짓고 있었기 때문인지 조금은 쉽게 다가갈 수가 있다.

살면서 마음의 전환점轉換點이 되는 것이 이런 것인가 싶다. 본격적으로 주말농장을 꿈꾼다. 땅을 고를 수 있는 트랙터를 구매하고 온갖 농기구들을 사들인다. 지난 세월을 흙과는 담을 쌓고 살아온 터라 모든 것이 익숙지는 못하지만 "백문불여일견이라." 들며 날며 지켜본 것이 큰 경험이 된다.

그렇게 시작한 것이 후에 고령화高嶺化시대에 발맞추어 소일거리로 지낼 것이라고 꿈에 젖는다. 내가 보기에도 그럴싸하다. 그는 변함없이 한 길의 선택이다.

거리마다 곳곳에서 벚꽃 망울들이 이제나 순서를 기다리고 있다. 활짝 핀 종류의 벚나무도 여럿 보인다. 백년대계를 위해서 교육을 해야 하듯 지난날의 모습을 되돌아보는 데는 한 그루의 나무를 심는 것도 나쁘지는 않을 것 같다. 여러 해 밭을 남에게 의탁依託을 주었다.

한전농사旱田農事를 지을 사람이 없이 다른 방노를 찾아야 한다. 이미 밭일을 할 어른들은 연세가 들어 땅을 놀려 놓아야 할 형편이다. 어느새 여러 해가 흘렀.

젊은 사람들은 외지로 다 떠난다. 노인들만 농사일을

돌보다 돌아가시면 다른 분께 의탁을 준다. 그것마저도 되지 않으면 놀려 놓을 수밖에 없다. 군청이나 읍에서는 그냥 두는 농가에는 벌금을 거둘 것이라 한다.

  흙은 인간을 속이지 않는다. 뿌린 대로 거두는 것이다. 또한, 뿌려놓고 돌보지 않은 작물은 사람이 자기 자신을 돌보지 않고 건강을 잃어가는 것이나 진배없다. 지금부터 그 사람을 따라 내 생활은 아주 고달프므로 이어지는 주말농장이 시작된다.

  몇 년 전 돌아가신 어머니가 계실 때는 풀 한 포기 없이 줄을 지어 가꾸어 놓은 시금치랑 상치, 파, 마늘이 보기가 좋았는데 아무렇게나 뿌리지도 않은 잡초들이 무성히 도 자라 있다. 안타까운 마음에 해보지도 않은 밭일을 열정만 가지고 호미로 잡초들을 깊게 파고 흙을 털고 햇볕에 말려 놓았다. 시간이 지나니 바싹바싹 타들어 가는 잡초들의 생명이 부질없어 보인다.

  잡초일수록 더 튼튼하고 강건하게 깊이 뿌리 박혀 싱싱하게 자라는구나 하는 것을 보았다. 사람도 너무 고이고이 애지중지하는 것보다 무던히 지켜주며 더 강할 것이라는 생각이 든다.

  잡초 뽑는 일에 열중하다 새싹으로 돋아나는 쑥들이 앙증스럽게 고개를 내밀고 있다. 어느새 좀 자란 쑥들은 도시의 아낙네들이 봉지를 들고 다니면서 캐어 간다. 밭 위로 넓은 대나무 밭이 있어 자르고 걷어 내니 딴 두릅 두 포기가 먹음직스럽게 피어올라 있다. 캐서 향기 나는 봄나물로 식탁에 오르게 해야겠다.

대나무는 번식력이 대단하다. 여기의 대나무들은 시누 대의 종류이다. 곳곳에다 뿌리를 펼친다. 절개도 좋지만 아무런 필요성을 느낄 수 없는 잡초이다. 밭의 생태를 일그러지게 한다. 조상의 산소에까지 침범할지도 모른다. 대나무를 잘라내고 뿌리에 약을 뿌려서 제거한다. 옛날에는 대나무의 도움으로 수학여행도 가고 했는데 세월의 이기 속에 플라스틱의 공업화에 지고 말았다.

지금쯤 한전작물로 푸름에 물들어야 할 밭들이 노인들의 연륜年輪과 세월이 많이 흘렀음을 느낀다. 황무지로 놓인 곳이 많다. 다른 사람들의 밭에도 벌금 내지 않으려고 듬성듬성 심어놓은 나무들이 보인다. 새싹들이 푸르게 올라오고 있는 단감나무와 엄나무, 두릅나무들이 온갖 주름을 잡는다. 세월이 흘러도 새싹 보는 마음의 변화는 예나 지금이나 다르지 않다. 단지 나무의 크기가 훨씬 자라나 있다는 것 외에는 다시 싹이 돋으며 꽃이 피고 낙엽 지면서 엄동설한嚴冬雪寒을 맞을 것이다.

이후로 여러 작물을 심어 이웃의 지인들과도 나누어

먹고 자급자족하는 생활의 연속이 되고 있다. 쏠쏠한 재미를 느낄 때도 있지만, 주말을 기해서 직접 밭농사를 짓고 씨앗을 뿌리고 거두는 일이 예사롭지는 않다. 몸이 고달프고 힘이 부칠 때는 왜 이 일을 진작 말리지 않았을까 후회가 막심할 때도 있다.

돌담 쌓은 풍경

   3월부터 시작한 농장에 공사를 하기로 한다. 긴 세월 동안 돌의 무덤으로 눌려 있던 한전이 정상적인 주인을 만난 것이다. 농작물을 다 거둔 엄동설한에 포크 레이 기사를 불러 5일을 대대적인 공사를 한다. 햇볕이 쪼이는 낮은 겨울이지만 포근함을 느낀다. 해가 기울기 시작하면 대나무밭에서 올라오는 찬 공기로 냉기를 느낀다.

   농막에 담가 둔 김장김치가 살얼음이 얼었다. 포크 레이 기사는 식당의 밥은 자주 먹어서 신물이 난다면서 굳이 김장김치의 식사를 고집한다. 번거롭기는 하지만 조금만 수고하면 맛 나는 식사가 될 것 같다. 돼지 삼겹살을 준비하고 시금치나물도 무쳤다. 기사가 아주 흡족해 한다.

   예부터 내려오던 밭에서는 포크 레이로 땅을 파니 너

무나 많은 돌이 나왔다. 사람이 살았던 흔적도 있었다. 사금파리도 나오고 옹기 깨어진 조각들도 나왔다. 아마 백 년은 넘은 것 같다. 사람의 힘으로는 수많은 인부가 필요할 것 같지만 기계의 힘으로는 순식간에 정돈이 되어 평평한 밭으로 변했다.

밭의 중간에 터줏대감같이 차지하고 있는 반구 돌도 포크 레이의 힘으로 뽑아내었다. 돌이 아주 컸다. 평소에 비만 오면 밭의 정기를 다 쓸어 가는 밭도 평평하게 고르고 돌을 이용한 돌담도 쌓았다. 고르고 보니 아주 넓고 큰 밭이 되었다. 트랙터가 지나다닐 수 있는 길도 생겼다. 땅의 원기도 주인을 잘 만나야 하는 것 같다.

포크 레이가 큰 돌을 날라서 돌담을 안착하고 남편이 아주 기술자답게 돌담을 잘 쌓았다. 부전자전父傳子傳이라더니 시아버님이 동네에서 알아주는 담쌓는 일에 능숙한 기술자로 인정받았다고 하신다. 처음이지만 멋지게 쌓은 솜씨가 제법이다. 남편의 신념이 아주 대단하다. 본인이 해야 하는 일에는 신명을 다 바쳐서 일을 한다.

나는 이후 몇 번 추워서 떨고 나니 갈 엄두가 나지 않았다. 중늙은이 얼어 죽을 것 같다는 말을 인용하면서 따라나서지를 못했다. 혼자서 점심거리만 챙겨주면 맛나게 식사까지 해결하고 일을 하고 온다. 남편은 일을 즐기는 것 같다. 그렇게 일을 하고 나면 몸도 개운하고 기분이 정말 좋다고 한다.

앞으로 고령화 시대, 고령사회가 되면 우리의 노후 대책도 시급한 상항이 아닐 수는 없다. 남편은 하는 일을 못 할 경우를 대비해서 서서히 노후의 놀이터로 만들겠다고 각오가 대단하다. 밭의 일에 대해 익숙지 못한 나는 따라가기만 하는데도 자라나는 푸성귀들을 볼 때마다 힘들 때가 많다.

몇십 년을 내버려 둔 주위가 깔끔하게 치워졌다. 겨울이라 불 지르는 것도 조심히 되었다. 불똥이 튀는 날에는 산불이 날 수도 있기 때문이다. 하루는 비가 부슬부슬 내리고 태산 같은 대나무 뭉치와 나무들을 태우기 시작했다. 들판의 온 하늘이 뭉게구름으로 뒤덮였다. 2시간을 넘게 태웠던 것 같다.

아래 녹수계곡 식당에 놀러 온 손님들이 신고하였다. 연기가 멈추지를 않으니, 산불이 난 줄 알고 소방차가 올라왔다. 처음에는 우리가 아닌 줄 알았다. 눈치 빠른 둘째 시누님이 빨리 몸을 피하라고 했다. 시내에 살고 있는 우리에겐 벌이 내릴 것이고 지역 주민인 누님은 사정을 말할 수가 있었다. 소방서 직원이 올라왔다. 지역개발 위원장을 맡고 있는 누님은 사정을 얘기하고 다음부터는 하지 않겠다고 사과했다. 우리는 멀찌감치 농막에서 지켜보았고 소방서 직원들은 돌아갔다. 주위는 깔끔하게 치워졌지만, 공무를 보는 분들에게는 죄송했다.

그 후로는 몇 차례 더 조금씩 불로 태웠다. 주로 새벽 일찍 가서 태우면 아무 일이 없다고 하였다. 옥답을 만들기란 여러 가지 제재가 따르고 쉽게 얻어지는 것이 아니구나 싶다. 올해도 뜨거운 불기운과 같이 활활 타오르는 해를 맞이할 것이다.

해를 거듭할수록 옥답沃畓으로 만들 것이고 자급자족自給自足할 수 있는 온갖 푸성귀와 농산물의 집산지로 이룰 것이다. 남편은 이미 서른두 가지 씨앗의 종류를 준비하고 있다.

농사를 아주 중심으로 하기 위해 귀농을 하는 도회지 사람도 있다. 남편은 그런 유는 아니다. 하고 있는 사업체도 바쁘다. 틈틈이 할 것이라고 시작을 한 것이 큰 구상으로 되었다. 몇 년 있다 거기에다 푸른 초원 위에 아담한 통나무집도 하나 짓겠다고 한다. 지하수도 파고 할 일이 많을 것 같다. 나의 꿈은 책도 보고 글도 쓸 수 있는 자그마한 방 하나라면 족할 것 같다.

농사를 짓다 보면 실패의 경우도 많다. 여름 장마철에 참깨를 베어서 쌓아 놓은 것이 마르지 않아 참깨가 시커

멓게 된다. 팥을 따서 미리 손을 보지 못해서 싹을 틔워서 낭패를 보기도 하였다. 가을에 고구마 수확을 하여 더디게 보관하여 썩혀서 버린 예도 있다. 반면 무나 배추 농사는 그런대로 풍성하게 지어 김장김치를 잘 담가 칭찬을 받기도 했다.

시내에서 멀지 않은 곳이지만 산새들이 지저귀고 햇볕이 싱그러운 맑은 곳이다. 밭 옆 냇가에는 여러 종류의 물고기들과 다슬기들이 많이 살고 있다. 지금쯤은 벌판에 먹을 것이 없어 푸르게 겨울을 이기고 있는 시금치가 까치나 비둘기의 먹이가 되고 있다. 밤에는 고라니가 들어와 시금치밭을 쑥대밭으로 만들어 놓았다. 사람들의 찬거리니 만큼 그냥 둘 수는 없었다. 고랑에다 대나무를 지주대로 깔고서 검은 그물을 씌웠다.

후로는 고라니들이 뭘 먹고살까 궁금하기도 했다. 까치나 비둘기들도 시금치를 뜯어먹다 나무에 날아오르며 주인의 눈치만 살핀다. 그냥 두면 어떨까 하는 마음도 없지는 않았다. 애써 물을 주고 잡초도 뽑은 공(功)이 생각나서 덮어 놓을 수밖에 없었다.

시간이 흘러갈수록 푸름이 내 맘속으로 가까이 오고 흙을 파고 보니 앙증스럽게 쑥이 새싹 틔울 준비를 하고 있다. 계절의 흐름이 게 눈 감추듯 지나는 듯하다. 시간은 흘러도 변함없이 차곡차곡 쌓아 놓은 돌담 사이로 푸성귀를 키우는 데 정성을 아끼지 않을 것이다.

불꽃 하늘로 치솟다

 불꽃놀이는 부산에서 해마다 치러지는 행사다. 광안리 모래사장이 진동하며 밤하늘에 수를 놓고 황홀하게 피고 지고 꽃바람처럼 사라진다. 장중하게 흐르는 음악의 서곡도 미끄러지듯 퍼지는 꽃불도 이내 파도가 불러 저만치 가는 것 같다.
 멀리 광안 대교는 교만한 모습하고 그 자리에 장엄하게 서 있다. 아름다움에 극치를 지나 무례한 불꽃은 빨주노초파남보 빛깔로 사라지는 꽃말을 연상한다.
 힘이 부딪힐 때는 광활하게 피어오르는 불꽃들을 연상해 본다. 뒤처지고 가라앉는 기분은 어느새 저 멀리 구름 따라 달아나는 것 같다. 불꽃이 인간의 정신을 번쩍 눈 뜨이게 하는 마력 같기도 하다.
 오래전 광안리 모래사장에서 불꽃놀이 하는 과정을

직접 체험을 한 적이 있다. 그 당시는 체계가 좀 미비했다는 생각이 든다. 교통 상태도 혼잡하여 정갈하지도 못했던 것 같다.

여러 지인과 함께 이른 시각에 준비하고는 그곳으로 가기까지 인파에 밀려 밀려서 도착했다. 정말 아슬아슬한 그곳의 복잡함이란 이루 말할 수가 없었다. 넘어지기라도 하는 때는 밟혀 상처를 입기는 십중팔구다.

하늘에는 불꽃이 피어오르고 많은 군중의 우레 같은 소리는 바닷속의 고기들도

놀라서 멀리 다 달아나지 않을까 하는 생각도 해 보았다. 마음은 모두가 한결같았으리라.

피어오르는 하늘의 꽃봉오리에 매료되어 군중들이 아수라장인 줄은 미처 알지를 못했다. 시간이 갈수록 기분은 상승을 하고 한참을 지나서야 그 상황이 눈에 들어왔다. 해가 거듭날수록 질서가 정렬해지고 체계가 잡히는 것 같다. 부산의 명물이자 세계적인 불꽃놀이로 이어가고 있다.

순식간에 모여든 인파들은 빠져나가는 것도 쉬운 일이 아니었다. 택시도 잡을 수 없었고 지하철은 정차도 할 수 없는 지경이었다. 그 와중에도 왜 이런 일이 될까 하는 의구심이 좀처럼 사라지지가 않았다. 몇 지인들과

어울려 갈 수 있는 곳까지 가면 될 것 같아 걸어서 온 것이 양정까지 오게 되었다. 다리가 아프고 발바닥이 부르틀 지경이 되어 겨우 택시를 타고 집에 도착했다.

그 이후로는 다시는 직접 체험을 포기하고 지내왔다. 항상 멀리에서 간접 체험으로 불꽃놀이를 관람하곤 한다. 어떤 사람들은 매년 축젯날만 되면 그 복잡함을 오히려 즐기면서 다녀오는 이도 있다. 생활의 활력소가 되고 뜨거운 감정이 되살아난다고 한다.

뽀얀 연기로 산화되어 여운을 남긴 채 사라지는 불꽃만큼이나 사람들의 머릿수도 수를 헤아린다. 어지럽혀진 대지는 인간들의 여운이다. 피어오른 불꽃에 비유한 주위의 흩어져 쌓인 산더미들은 불꽃처럼 사라지는 잿가루였으면 좋겠다.

민들레 홀씨 되어 날아가는 모습처럼 불꽃의 형상에서 보인다. 느끼고 보이는 시야에 따라 다르다. 고르게 펼쳐진 갈대밭에 불꽃이 피어오르는 형상으로 보이기도 한다. 아라비아 숫자나 A B C도 보인다. ㄱ ㄴ ㄷ도 보였으면 좋겠다. 인파들의 합창 고함도 함께 장엄하고 힘차고 황홀한 느낌이 극치에 이른다.

아이들이 어릴 때는 가끔 광안리 바닷가를 찾았다. 아이들의 꿈을 찾아서 밤하늘에 반짝이는 별을 헤고 폭죽을 터트리기도 했다. 아이들이 다 자라고 나니 자란 만큼이나 부모들의 마음도 식어가고 감정도 가라앉아 세월이 무상하다. 단지 이역만리 나가 있는 아이들의 마음만은 불꽃이 피어오르는 광경만큼이나 크고 높은 이상으로 펼쳐 나갔으면 하는 마음을 가져 본다.

인간들의 마음도 매년 열리는 불꽃축제처럼 다시 그 열정이 살아나고 젊음으로 되돌아온다면 이 세계는 어떤 현상이 일어날까. 아마도 새 생명이라는 것은 없고 인간에게는 무법천지가 되지 않을까.

무역의 도시 부산을 알리는 최고의 행사는 광안리 앞바다의 불꽃놀이가 아닐까 싶다. 매혹적인 품격에 주위의 생물마저도 춤을 추면서 세계의 아름다운 활성 도시로 거듭나기를 바란다.

복잡함이 있어 부산의 불꽃놀이가 한결 신이 나는 것 같다.

뿌리

 뿌리라는 단어는 매우 의미가 있다. 동서고금을 막론하고 가계의 뿌리에 대해서는 관심이 많다. 유래나 역사, 가족의 족보 또는 성씨에 이르기까지 뿌리의 내력은 깊다. 유래나 역사의 뿌리는 연구하는 사람들의 몫으로 대부분이 분리되어 있다.

 사람들은 살아가면서 자기들의 밑바탕이 얼마나 소중한 줄을 안다. 태어나 죽을 때까지 행하면서 살아야 하는 일들이 무수히 많기 때문이다. 유아기 때가 되면 벌써 성격 형성이 이루어진다. 점점 자라면서 자기의 뿌리가 될 수 있는 한계를 키워 간다.

 사람들의 됨됨이를 이르러 식물을 비유해 떡잎부터 알 수 있다고 한다. 떡잎이 튼튼하고 푸르러야 식물이 잘 자라고 좋은 열매가 맺히기 때문이다. 사람 또한 어릴 때의 인간성이 성인이 되어가면서 좋은 인성으로 살아가기 때문이다.

한 가정에서 족보 문제로 종갓집을 찾은 분을 보았다. 그 가족은 전쟁 시 이북에서 넘어온 터라 집안의 족보가 무언지도 모르고 혈혈단신으로 몇 자식들만 지니고 수십 년을 살아왔다.

어느 종가에다 자기 성씨의 뿌리를 내려 주십사고 하였다. 이후로 그분들은 뿌리에 대한 설 자리를 찾게 된 것이다. 가정의 뿌리를 찾아 집안의 길흉사에도 참가했다. 족보 정리도 했다. 그런데 다음 세대의 자식들은 뿌리에 관한 관심이 적어 족보의 이음이 줄어가는 것을 볼 수 있어 안타까웠다.

옛날 성인들보다 현시대의 사람들은 성씨나 족보에 관한 관심이 적어지고 뿌리에 대한 유래도 흩어지고 있다. 언제부터인가 여성이 재가하게 되면 아이들의 성씨는 그분을 따라서 바뀌고 여성이 가구주가 되면 여성의 성씨를 따라가는 예들도 가끔은 볼 수가 있다. 가정의 뿌리는 지키는 사람들의 몫이 아닐까? 쉽다. 누구나 그렇게 한다면 사회는 정말 어지럽고 번거로울 것이다. 환경과 개인의 관점에서만 될 수 있는 것이다.

가정의 근본 뿌리와 식물이 튼튼하고 흔들림 없이 깊

숙이 잘 내려진 뿌리와는 비례 관계인 것 같다. 뿌리는 땅속으로 뻗어가면서 새싹이 나고 번식한다. 한 집안의 자손이 뻗어가는 것과도 유사하다. 나무뿌리가 뻗어나가는 것은 새로운 한 가정의 중심을 가지게 되는 것이다.

뿌리가 튼튼해야 영양분도 흡수를 잘한다. 비바람이 닥쳐도 넘어지지 않을 것이다. 잘 자라서 무성하게 태양을 향해 오르는 모습들이 미래를 향해 세계로 뻗어가는 꿈나무들인 아이들의 형상과도 흡사하다.

근본이란 하루아침에 이루어지는 것은 아니다. 무수히 노력하고 싸워야만 이루어질 수 있는 완고한 성이 될 것이다. 어떤 때는 힘겨운 때도 있는 것이고 푹신한 감촉을 느끼는 너그러울 때도 있을 것이다. 어울려 가면서 쌓아가는 것이 근본의 밑바탕이 된다.

말이나 대화에서도 뿌리가 있다. 아무렇게나 하고 싶은 대로 하는 것이 말의 근본은 아니다. 상대방의 마음을 헤아리면서 너그러움을 보내는 말의 밑바탕이 대화의 근본인 것 같다. 표준말을 쓰는 사람들의 말씨는 대화의 힘을 싣기가 좀 더 쉬울 것 같다. 각 지방마다의 억양 높은 말씨도 나름대로는 격식을 가지고는 있다.

다년간 사투리에 젖어있는 우리의 지역적인 사람들은 쉽사리 표준말로 변화한다는 것은 쉽지는 않다. 정도나

장소에 따라서는 표준말로 하는 것도 우리 정서에 어울리는 뿌리로 내려갈 것이다.

　말과 대화의 뿌리는 음성의 표현이지만 내적인 감정으로 둘 사이는 미묘한 차이를 보인다. 말이란 대상이 없어도 혼자서도 할 수 있는 것이지만 대화란 누군가의 상대가 있어야 가능한 것이다. 대화의 힘이란 대상과의 교감이며 부드러우면서도 강하다. 대화 속엔 정감이 흐른다.

　대화하다 보면 딱딱하여 꼽추 세우는 말은 직선의 이미지를 연상케 한다. 완충지대 같은 말속에서는 편안함을 주는 곡선의 이미지에 비유해 본다. "말 한마디에 천냥 빚을 갚는다는 말"도 있다. 말을 잘못하여 인생의 길이 달라지는 경우도 가끔은 있다.

　살아오면서 자신은 얼마만큼의 직설적으로 대화를 하였는지 또는 곡선적으로 대화하였는지 뉘우침과 반성을 해 보는 것도 뿌리의 일방통행이다.

얼이 담긴 대마도

 가을비가 촉촉이 내리는 이른 아침, 중앙동 세관 앞을 지나니 근무했던 지난날의 일들이 주마등처럼 뇌리를 스치고 지나간다.
 부산 국제 여객터미널에서 6시 30분까지 집합. 일행들은 숨이 가쁜 마라톤 선수 같다. 하늘은 흐리지만, 상기된 모습은 즐거운 표정들이다. 시끌벅적한 터미널 안에는 형형색색 관광객의 옷차림, 어떤 곳이기에 이토록 많은 사람이 드나드는 곳일까? 궁금하지 않을 수 없다.
 8시 정각 오션 플라워 호는 대마도 이즈라 항구를 향해 떠난다. 빈자리가 없을 정도로 가득 메운 배는 여러모로 불편한 점도 있었다. 뱃길을 따라 물살을 가르는 배, 밖에는 비가 내리고 조금은 하얗게 부서지는 파도는 망망대해의 한이 많은 우리 조상의 얼이 담겨 있는 곳이라고는 까마득히 몰랐다. 큰 바다 한복판, 한 조각의 배가 넓은 곳에 덩그러니 떠 있다는 것을 상상해 본다. 사방 천지가 보이는 것이라곤 출렁이는 물살, 갈매기들의 뽐내는 비행만이 교차할 뿐이다.

2시간여가 걸려 대마도 이즈라 항구에 도착한다. 환경이나 향토색은 분명 우리의 모습인데 이국땅이라 하여 세관원들의 검사가 철저하다. 조금은 오지라고 할까? 일의 처리가 느리고 답답함을 느낀다.

때 이른 비가 맨땅이 다 젖도록 흠뻑 내린다. 대마도의 번화가인 이즈라 시내를 도보로 걸어서 대마 역사 자료관을 관람, 좁은 골목길을 통하여 지난날 숭고하게 조선을 지키려고 애썼던 수선사修繕寺의 최익현 순국비를 찾았다. 작지만 우리의 얼이 담긴 수선사는 한국인의 향이 묻어나는 비석들이 많이 진열되어 있었다.

이어 조선의 마지막 황녀 덕혜옹주의 결혼 봉축비가 세워졌다는 하치만 궁 신사에 들른다. 덕혜옹주는 대마도주의 아들인 백작과 혼인하여 처음으로 시집에 다니러 왔던 곳이다. 축화의 봉축비로 세웠는데 후에 옹주가 많은 시련을 겪고서는 봉축비를 없애라는 간곡 때문에 깊은 절에 비를 숨겨 두었다. 지금은 한적한 곳에 봉축비가 세워져 있고 조선국통신사지비朝鮮國通信使之碑와 더

불어 우리나라 관광객들이 많이 찾아보고 있다.

황녀의 기립이 아닌 평범한 사가의 축하 봉축 碑에는 "李 王家 宗伯 (작)爵家 御 結婚 奉祝 記念碑"라는 초라하기에 여지없고 우리나라를 얼마나 속박했는지는 이것만 보더라도 한눈에 알 수가 있었다.

대마도는 멀리 바라보이는 산의 모습이 두 마리의 말 馬이 바라보고 있는 형상이라 하여 대마도라고 하지 않았을까 하는 유례도 있다. 여권을 가지고 갈 수 있는 가장 가까운 이지의 땅 대마도는 우리가 지키고 우리가 다스려야 할 곳임에는 틀림이 없는 것 같다. 우리의 산세, 우리의 향기, 우리의 문화가 많이 풍기고 있는 곳이기에 정말 애끓도록 아까운 땅이 되지 않았을까 한다.

울릉도의 반쯤 크기라지만 89%가 산림 지형으로 가파르고 울창한 숲이 산림 해안까지 이어져 있다. 자그마한 온천도 있고 조림이 많으며 제충제除蟲劑 때문에 언제부터인가 소나무와 편백이 많다고 한다. 봄에는 꽃가루가 날리는 단점도 있다. 항상 푸름이 많은 것은 대나무와 녹나무들이 많아서이다. 가을에는 단풍을 별로 볼 수가 없는 곳이기에 가을 산은 조금 둔탁해 보이기도 한다.

바다나 호수의 물은 아주 맑아서 속이 흔히 다 들여다 보이고 주위의 아름답게 지워진 일본식 집들은 안온하고 매우 평화로운 곳으로 보였으며 집집이 소형의 배 한 척씩은 지니고 어획해서 살아간다고 한다.

 버스를 타고 가미자카, 오후나 예를 지나 만관교는 일본 함대의 통로로써 인공적으로 땅을 판 해협에 다리를 세운 것이다. 현재는 둘로 나누어진 상 대마, 하 대마를 이어주는 교통의 요지가 되어 있다. 이어서 천신, 해신 여러 가지의 신들을 모시고 사는 그 나라의 풍습 오타즈미 신사를 관람했다.

 점심에 일본식 우동과 몇 개의 초밥으로 간단하게 식사하고 에보시다케 전망대를 올랐다. 전망대는 360도 동서남북 사면을 모두 조망할 수 있고 몇 겹의 산과 바다 위에 떠 있는 크고 작은 섬들로 이어져 있으며, 리아스식 해안 등 웅대한 모습을 자랑하는 곳이다.

 일본의 풍습으로 에워싼 곳 시골의 풍경이지만 질서 정연하게 흐트러짐 없이 어느 곳이나 깔끔하다는 것을 느꼈다. 현지 가이드는 그 사람들은 자신의 속을 드러내는 것과 게으름을 남에게 보이는 것을 싫어한다고 한다. 들에는 농기구 하나 흐트러져 있는 모습을 볼 수가 없었다.

 그곳에는 산림 도로가 많아 도로비가 없으며 차들은 대부분이 경차들이 많으며, 젊은 층의 사람들보다는 노인층이 많다고 한다. 이색적인 풍물이 없고 비슷한 향토색이 짙은 곳, 대마도를 먼 꿈나라의 미지로 남기고 마음만은 가까운 나라로 가슴에 품고, 내가 사는 곳이 가장 아름다운 곳이란 걸 새삼 깨달았다.

 언젠가는 여권 없이 오갈 수 있는 날이 왔으면 기대를 해 본다.

초원을 달리다

 울란바토르, 가끔 몽골에 대해 동경이 많았다. 넓은 초원 밤하늘에 은하수와 별자리 관찰을 할 수 있다는 말만 들었다. '백문 불여일견'이라 했다. 부산시 여성단체 협의회에서 다양한 봉사활동과 한국의 문화를 알린다. 몽골의 여성협의회와 바양골구 23동 동사무소 센터에서 MOU를 체결하는 행사이다. 몽골의 생활사를 직접 눈으로 체험하고 우리의 삶보다 조금은 미비하고 힘들고 슬픔에 싸여 있다는 것을 느꼈다.
 지난날 우리나라도 몽골의 지배하에 많은 도움과 간섭을 받았다고 한다. 특히 자라는 아이들의 모습이 우리가 어릴 때 큰 나라의 도움으로 먹거리 등 원조를 받았던 것이 절절히 생각났다.
 여러 단체의 회장단들이라 그곳에 육각형 정자를 기

증하고 아동복지 시설을 방문하고 이, 미용 봉사활동은 큰 경험의 체험이었다. 순식간에 한 부모 가정, 어린이 등 150여 명의 주민이 모였다. 줄을 서서 차례를 기다리는 미용사들의 손길이 가위가 보이지 않을 정도로 손이 빨랐다. 준비한 물품이나 옷가지며 학용품 등 아이들과 더불어 줄을 서서 받는 즐거움은 감회가 컸으리라.

나라가 힘들어지면 국민이 살아가기가 너무나 힘이 든다는 것도 절실하게 느꼈다. 그나마 어려운 시기를 겪은 우리나라도 국민이 다 함께 노력하여 경제 대국이 되어, 이렇게 힘든 처지에 있는 나라를 도울 수 있다는 것에 뿌듯한 생각도 들었다.

늦게 숙소에 도착하니 그곳 관계자들이 다시 감사패와 도자기에 과일을 담고 보드카 한 병을 들고 호텔로 찾아오셔서 고마움을 전했다. 내년에도 자기 동을 찾아 주기를 바라면서 도움을 요청했다. 아이와 살아가는 여성들이 경제적으로 자립할 수 있도록 길을 터주고 싶다면서 재봉틀을 기증해 주면, 양가죽 제품을 만들어 자립할 수 있도록 도와 달라고 한다. 여성회 회상은 좋은 생각이라면서 지금 당장은 말할 수 없어 돌아가서 의논하여 연락드리겠다고 했다. 간절했기에 저렇게라도 하실까 마음이 찡함을 느꼈다.

한없이 넓은 초원이 가도 가도 끝이 보이지 않는다. 초원의 길을 달리다 잔디밭으로 차가 깊숙이 들어간다. 호텔 측에서 준비한 도시락, 푸른 하늘을 천장 삼아 코끝을 간질이는 초원에서 식사는 일류의 산해진미였다. 사방으로 둘러보아도 넓은 초원으로만 깔려있다. 멀리 흘러가는 구름마저도 너무나 여유롭고 평화롭다. 언제 이렇게 여유로운 시간에 쫓기지 않는 나날이었었던가.

 초원의 아름다움에 가슴이 탁 트이는 것 같다. 낙타가 보이는 농장에서 낙타 타는 체험을 한다. 낙타는 덩치가 크고 순한 동물이다. 특유의 냄새가 있지 않을까 염려도 했지만, 넓은 초원에 그 또한 바람에 흩날려 버리니 안심하고 낙타 타는 체험을 할 수 있었다. 젖먹이 새끼는 어미 낙타를 따르고 사람이나 동물이나 자기 가족 챙기는 것에는 별다름이 없구나 싶다.

 사막으로 모래 능선이 쌓여 있는 곳에 가서 낙타들이 멈춘다. 낙타들의 훈련에 감동을 준다. 차례로 멈추면서 떨어질세라 조용한 자세로 위험하지 않도록 좌정한다. 동물이라도 내리면서 수고했다며 등을 만져주고 토닥거려주니 큰 눈을 껌벅거리며 인사하는 것 같다.

 모래 썰매도 체험한다. 그 옛날 시골의 묏등에서 빈 비료 포대를 이용한 썰매가 생각났다. 조금은 두렵기도 하고 가슴이 콩닥콩닥 다른 분들이 다 타고 있는데 그 또한 뒤처지기라도 할까 봐 용기를 내었다. 등을 뒤로 젖히고 고리를 꽉 붙들고 천천히 내려가리라 생각한다. 속력에 의해 사정없이 모두가 고꾸라진다. 웃음바다가 되고 스릴 있는 체험이었다. 옷이랑 둘러맨 가방은 모래 투성이가 된다.

 마치 석양에 붉은 해오라기 물결을 감탄하면서 펄쩍 뛰어오르다 벌렁 자빠지는 사진 촬영에 다시 젊음으로 돌아온 시간이었다. 낙타 몰이 인부들에게 각자 1불씩을 주고 고마움을 전한다.

 별이 보이는 게르에서 하룻밤을 지낸다. 북두칠성이 또렷이 보이는 밤하늘, 이미 다녀갔던 몇 분은 이구동성으로 올해는 작년에 비해 아름다운 밤하늘이라 한다. 11시가 지나자 쏟아지는 별 무더기에 정말 황홀했다. 게르 안은 인원수대로 침대가 놓여 있으며 나무를 태울 수 있는 난로가 있다. 마른 말똥을 곁들여 열기가 대단하다. 따뜻하게 편히 잘 수 있었다. 물이 부족한 사막의 밀집된 게르 안에도 공동으로 샤워 시설은 되이 있나. 불은 아껴 쓰라고 한다. 얼음장처럼 차가웠지만, 온수시설도 되어 있어 머리도 감을 수가 있었다.

 그 오지에서도 그런대로 식사가 깔끔하게 나왔다. 식

자재 구매가 쉽지 않은 곳에서 어려움 없이 식사할 수 있다는 것에 감사하기만 했다. 그것 또한 외국인이 운영하는 식당 카페이다.

바양골구 게르 촌을 뒤로하고 울란바토르로 출발, 아침의 상쾌한 공기를 맘껏 마시고 전날 게르의 원주민들이 일일이 가방을 들어다 주는 환영과 떠날 때는 전통복을 입고 나와 우유를 뿌려주어 안전하게 가기를 기원하는 전통 의식도 해 준다. 우리 버스가 멀리 떠나올 때까지 손 흔들어주는 미덕으로 예전에 우리 엄마가 그랬던 것과 흡사하여 눈시울이 짠함을 느낀다.

펼쳐진 초원에는 양 떼와 말 떼들이 유유히 풀을 뜯고 있다.

한편은, 애잔한 이별이다

며칠 새 애써 감추려고 들지만, 마음 한구석이 애잔하다. 오면 반갑고 가면 더 반갑다는 어처구니없는 말도 있다. 둘째 아들이 10년이 넘게 미국에서 공부하고 잔뼈가 굵어져 고국으로 돌아왔다. 그동안 군 복무도 마치고 다시 복학하여 학위를 마쳤다. 자국의 시민권자가 아니라는 이유로 취업을 만류하고 국내에서 취업의 문을 두드려야 했다.

우리 아이들이 그 나라의 유학이 끝머리가 아닐까 싶다. 그곳 교육 성향과 우리의 성향은 다른 것이 많다는 것을 아들이 돌아와서야 알았다. 우리 성향에 맞게 좀 더 훈련되어야 한다는 것이다.

많은 세월에 부모 떨어져 살아온 흔적이 너무나 절절하다. 손수 해 먹으니 제대로 먹지 못하고 보스턴이 추워서 고생을 많이 한 것 같다. 몸은 위축되고 몰골이 말이 아니다. 간간이 공부하다가도 내가 누구인가, 내가 왜 여기서 이럴까 하는 생각에 눈시울이 뜨거워진 경우도 있었다고 한다.

고국의 부모님 생각에 이를 악물고 노력했다면서 지난날을 추억처럼 얘기한다. 또한 엄마로서도 길의 선택이 옳았는지 멀리 둔 자식 걱정에 마음은 언제나 그곳에 가 있었다. 젊을 때 노력이 성공될 것이라고 오직 한 길의 선택 조건이 된 것이다.

우선 건강을 회복하려면 운동하고 잘 먹어야 했다. 시간이 지나니 마음이 편해지는지 몸이 유연해지고 살이 찌면서 회복되었다. 경력자를 찾는 기업이 많다. 아직은 졸업한 지 얼마 되지 않아 부산 근교의 호텔에서 정직으로 일을 했다. 회사는 많이 아쉬워하지만, 그 아이만의 인생길이 있기에 1년 2개월 동안 여러 일을 배우고 퇴직을 했다.

한 길을 선택해야 하는 갈림길에 섰다. 취업하느냐 다시 공부하느냐다. 항공 회사에 합격의 문을 두드렸지만, 주위에서는 공부는 때가 있는 것이라고 만류한다. 학교에서 아주 우수했다고 한 과목이 회계학이었다. 직장을 다니면서 두 마리 토끼를 잡기에는 무리인 것 같다. 결국 학원으로 결정을 내렸다. 이후 6개월의 사투 끝에 미국 공인회계사(AICPA) 시험에 합격했다. 유례없는 단시일 합격의 영광을 안았다. 큰 고생 했다고 안아 주었다.

고국에 와서 1년 반, 그동안 함께 못한 아버지와의 정도 두툼하게 쌓았고 부자지간에 대작對酌하면서 많은 대화도 나누었다. 국내외 여러 곳의 명소도 다녀왔다. 아들을 멀리 보낸 아버지는 항상 자식이 커 가는 모습을 지켜보지 못해 마음 한구석이 허전함을 감추지 못했다.

어느 날, 아버지가 아들과 함께 beer 가게를 갔다. 종업원이 와서 살짝 묻는다. 사장님 모시고 한잔하러 오셨냐고 하더란다. 사장님이 아니고 저의 아버지십니다. 하니 요즘 청년들은 아버지랑 대면도 잘하지 않으려는데 좀 의아해하더라고 했다. 언제 또다시 이런 기회가 자주 있을지 보람 있는 시간이었다.

호주의 직장에서 서울로 옮긴 형이 안정된 직장을 잡으면서 왕십리에 조그마한 오피스텔을 계약했다. 동생과 함께 갔다. 큰아들에게는 고맙고 든든했다. 작은아들에게는 인생의 갈림길에 부딪혀 있으니, 힘을 내라고 했다. 그러고는 이사 가는 것처럼 본인의 모든 소지품을 챙긴다. 오랜 기간 텅 비어 있다가 한동안은 꽉 차더니 다시 텅 비게 되었다.

비록 이국이 아닌 같은 하늘 아래 있다는 것만으로도 마음은 편안했지만, 무언가 잡다 만 것처럼 내 손이 허전함은 작은 이별이 애잔함일까. 주위 분들의 자식 논함에 잘난 자식을 두어 학교 졸업하고 취직하니 바로 결혼하겠다고 하여, 자식 사랑 한 번 차지하지 못했다고 아쉬워한다. 나는 못난 자식을 두었는지 결혼은 아직 물론이고 용돈까지 챙겨주니, 자식 사랑까지 받아보고 결혼하면 하는 바람이다.

조크에는 아들 잘 키워 놓으면 나라 자식이고 돈 잘 벌면 장모 자식이라고 한다. 그만큼 자기의 뿌리에 대한 자부심이 줄어들고 있다는 증거이다. 우리 아들이라고 예외는 아니겠지. 일찌감치 마음을 비우고 익어가는 삶을 준비해야겠다는 생각을 해 본다.

여성 상위시대라고 하지만 변하지 말아야 하는 것은 보전하고 고쳐가면서 하는 게 옳지 않을까 하는 아쉬움도 앞선다. 세월의 변화에 장사壯士 없다지만 그래도 아름답고 현명한 여성들이 많다는 것에도 미련은 없지 않다.

누구나 내 자식만은 그러지 않기를 바라면서 지켜본다. 나 또한 그러하다. 부모 마음은 작은 이별이었지만, 두 형제는 서로 울이 되는가 싶다. 둘째가 형님을 많이 챙기고 땀 흘리게 운동을 종용하면서 요리까지 좀 더 나은 것 같다. 둘 다 이국 생활을 오래 한 탓인지 요리하고 먹거리 챙기는 것에는 능수능란하다. 남자가 이러면 요리에 서툰 배우자를 만난다는 지난날의 말이 있다. 그 또한 운명인 양 살아갈 것으로 본다.

익숙지 못한 낯선 도시 직장 생활에 서로가 마주치는 경우도 쉽지 않을 것이다. 배웠던 지식을 헌납하는 사회인이 되어 대도를 걷기 간절히 소원한다. 나는 서둘러 좋아하는 찬거리며 요리를 만들어 우체국에 특별 수송해야겠다.

3

구름아, 이 가을 너도 아는지

구름아, 이 가을 너도 아는지

남국南菊

내 삶의 굴레

달 집

미역의 풍미와 추억

바위

삼국유사의 숨결 −군위군

술래바퀴처럼

연등

치앙마이 기행

구름아, 이 가을 너도 아는지

 아침 바람이 서늘하게 느껴진다. 창문 사이가 찬 서리 같다. 멀리서 가을이 달려오고 있다. 하늘은 더 높게만 보이고 아련히 그림을 그리는 구름 한 조각 바탕색을 더욱 선명하게 드린다. 고르지 못한 날씨에 가을 농부의 수확이 갈팡질팡 곤욕을 치른다.
 유달리 태풍이 잦았고 폭우와 불볕더위에 시달리는 수모였다. 지금쯤 수혜를 입고 엉망진창인 피해자들은 어떻게 지내고 있을까. 마음이 가는 것은 그들 중의 한 사람으로 동행의 의미이기도 하다. 태풍 마이삭으로 비바람이 몰아칠 때 농장 내가의 물 불림은 말할 수 없었다. 쏟아지는 폭풍에 밤새 돌이 구르고 농장 언저리 낭떠러지의 둑이 무너지는 아찔한 광경을 맞았다.
 군청에서 다녀갔는지 누런 띠로 위험 지역이라고 둘

레를 쳐 놓았다. 농막의 수호이자 여름의 그늘막인 두 그루 키위나무가 사정없이 쓰러졌다. 힘겨운 여름을 지난 주말농장의 밭농사가 아연실색할 지경이었다.

땀이 송골송골 맺히는 여름을 막 넘기고 마음으로 운동을 하라는 신호를 받는다. 느지막한 아침 시간에 짬을 내어 온천천을 걷기로 한다. 하루의 계획은 만 보를 채우는 걸음걸이다. 온천천이 범람했던 상처는 아수라장을 방불케 했다. 아직도 수마가 핥고 간 잔해는 여기저기 산재하여 있고, 어느 한 곳 성한 곳이 없다. 구청의 구원인 포크 레인과 인부들의 손길이 바쁘기만 하다. 포크 레인으로 천川의 모래알을 수천 갈래의 모둠으로 담아내고 있다.

돌길이나 나무로 성긴 길마저도 바닥이 다 일어나 부풀려져 있다. 물이 불어나 떠내려가지 못하고 걸쳐진 나뭇조각과 엉킨 풀의 덩이가 하루하루가 조금씩 제자리로 돌아가는 일상이다. 태풍의 위력 앞에 이기지 못해 아픔의 생채기로 남아 나무는 가지가 잘리고 뿌리가 뽑혀 휘어지고, 아픔만큼 성숙해진다는 말이 실감 난다. 살아서 만나는 그들도, 더욱더 푸름으로 꼿꼿하게 하늘로 치솟는다. 인생 역전 같다.

나무 아래로 유유자적한 참새 무리는 어디에 숨었다

가 날아드는지 유난히 소리가 청아하게 지저귄다. 사람이 지나가도 아무 반응을 주지 않는 비둘기 떼는 우윳빛 깃털로 공사하여 쌓아 둔 덤불 위에 진을 치고 앉았다.

 온천천 바닥에는 물 흐름이 고르지 못해 붕어들이 오르지를 못한다. 포크 레인으로 모래를 퍼 올리고 바닥을 고르니 물이 유유히 흐른다. 물의 흐름으로 누워 있는 갈대나 억새들이 하늘로 더 올려 보려고 기를 쓰고 버텨 본다. 갈대의 깃털이 움을 틔우고 있다.

 가을의 향기를 흩어보려는 야생화나 쑥부쟁이들도 덩달아 새순을 보이며 꼿꼿하게 자리를 메우려고 안간힘이다. 자연의 아름다움에 시샘이라도 하듯 태풍의 잔상이 남았다. 자연의 발길에 사람의 손길이 겹쳐야 회복되지 않을까. 어디서 어디까지 손길이 닿아야 하는지. 시간의 흐름 속에 이 또한 온천천의 몫이 되겠지.

 아침 햇살을 맞으며 마음 놓고 걸을 수 있는 곳이 도심에 있다는 게 얼마나 건강한 삶을 잇는지 모른다. 더워서, 추워서 게으름을 피우다 보면 건강에 신호가 오지 않을까. 평소에는 운전하고 다니느라 걸을 수 있는 여유가 적다. 나이가 들어갈수록 다리 힘이 부족해지면 걸어 다니는 것이 순탄치가 못하다. 팔순 구순이 되어도 걸을 수만 있으면 어디를 못 가겠는가. 한동안은 걷는 데 전력을 다해 마음을 쏟아야지.

46층 상공에서 좁은 간격의 가을 거리를 바라본다. 네온사인 불빛마저 흐릿하게 보인다. 여름 불빛은 강렬한 태양만큼이나 빛나고 찬란했던 것, 거리의 불빛은 지친 경제인들의 맥 빠진 초라함 같다. 언제 다시 경제가 살아 숨 쉬어 빛나는 날이 올까. 생기 도는 우리의 실생활을 저 불빛에 견주어 본다.

오늘도 금정산 아래 우후죽순 아파트가 일어설 채비를 하고, 땅마다 헤쳐지고 희멀건 도시로 변신하고 있다. 속히 제자리로 돌아가는 도심의 나래가 됐으면 싶다. 날마다 이 광경을 바라본다는 것도 비정상적인 심리적 트라우마를 겪게 된다.

온천시장이 재개발로 건물이 올라오고, 조합 아파트가 완성의 갈림길에 있는지 굴착기가 몇 차례 부수고 고르고 하더니 흉한 모습으로 도시의 미관을 어지럽게도 한다. 위에서 아래로 볼수록 마음이 짠해 오는 것은 서민들의 마음 동조가 됨일까. 갈수록 불빛의 힘이 약해지고 있으니, 가을이 깊어지기 전에 아픔이 되는 모두를 '구름아, 이 가을 너도 아는지' 푸른 하늘 아래 누렇게 물드는 벌판의 마음이 되어 풍성한 밑거름으로 돌아가기를 간절히 바라본다.

남국 南菊

 들녘에 널브러지게 피어 있는 노란 국화꽃은 향이 그 윽하다. 가식 없이 군락을 이루어 각기 모양새를 뽐내고 향기를 품어낸다. 자유로움 때문인지 아량이 있어 보여 눈이 자주 가게 된다. 햇볕을 골고루 쬐어서 색깔도 유달리 노랗게 고와 보인다.

 조경하는 곳을 찾은 적이 있다. 여러 종류의 꽃들이 제각각 뽐을 내고 향기를 발산한다. 형식에 얽매어 자유가 없는 곳에서 마음껏 꽃의 구실을 할 수가 있을까 하는 생각이 든다. 형식 없는 자연 그대로의 꽃들에 비해 인간이 연구하여 재배한 꽃들은 그 어떤 꽃과는 비교되지 않을 정도로 다양한 색깔로 아름다움을 보인다.

 예쁜 꽃이 생명이 짧음에는 이유가 있다. 남달리 특이한 점을 가지니 눈에 띄게 되어 사람들의 손에 자주 꺾인다. 눈을 즐기고 코를 즐겁게 해 주는 것만으로도 꽃들은 충분한 제 몫을 한다. 꺾는 사람과 꺾이는 꽃은 같은 생명일지라도 인간과 식물과의 차이점인 것 같다.

미인박명이란 말도 있다. 누구나 그런 것은 아니지만 모습이 천하일색인 사람은 덕이 모자라거나 생명이 짧다는 것이다. 미인은 흔히 불행하거나 병약하여 요절夭折하는 일이 많다는 뜻으로 생각할 수 있다.

아름다운 꽃들에도 각각의 명언이 있다. 마음 밭에 사랑을 심으면 자라면서 행운의 꽃이 된다. 꽃은 한 송이만 피어도 봄이 온 줄을 알 수가 있다. 착한 사람을 일러 곁에만 있어도 난초가 곁에 있는 것처럼 향기롭다. 꽃을 알아야 꽃을 가꿀 줄도 안다.

꽃을 주는 것은 자연이고 꽃을 엮어 화환을 만드는 것은 사람의 손끝이다. 한 송이의 자그마한 꽃을 피우는데도 오랜 세월의 노력이 필요하다. 널브러지게 흩어진 들녘의 꽃이라도 자신을 내세우지 않아도 향기를 찾아서 벌과 나비들이 찾기 마련이다. 꽃은 본능 때문에 피는 것이지 예쁨을 보이기 위해서 피는 것은 아니다.

꽃과 열매는 저절로 인간이 찾게 되는 길을 만드는 것 같다. 이 세상 그 어떤 아름다운 꽃들도 흔들리며 흔들리지 않고 피는 꽃이 있겠는가. 절제된 아름다움이란 불

필요한 것을 걷어내고 최소한 있어야 할 것으로만 본질적이고 간소한 삶이 아름다운 것이다. 이것을 한 송이 꽃으로 피어난 모습으로 비유하고 싶다.

꽃은 화분 속에 있기보다는 자연 속에 있을 때가 더 아름다운 것이며 새는 산속에서 지저귀는 새가 자연의 맛이 나지 않을까 싶다. 너무 고운 꽃은 향기가 없다고 한다. 진실성이 없는 말이 열매가 없다는 것이나 무엇이 다를까 싶다. 꽃은 사라져도 씨앗은 남아서 다시 술래바퀴처럼 내일을 꽃피운다.

꽃을 좋아하는 사람들은 꽃을 꺾으면서 사랑을 나타낸다. 하지만 꽃을 사랑하는 사람들은 꽃에 물을 주어서 사랑을 표현한다. 꽃에 향기가 있듯이 사람에게도 품격이란 향기가 있다. 사람의 마음이 맑으면 품격을 간직할 수가 있듯 꽃에도 그 생명이 생생할 때 향기가 신선하다. 인간과 꽃이 품격과 신선함이 비례성이 있는 것 같다. 이는 생생하게 피었다 추하게 떨어진 백합꽃이 잡초보다 냄새가 어지러운 것이다.

물망초가 언제나 나를 잊지 말라며 사랑받기를 바라는 것과 백합의 숭고함은 대표적인 아름다움으로 사랑을 받는다. 열정적인 사랑의 꽃말인 장미는 예쁜 꽃일수록 가시가 꽃을 꺾는 것을 막으려고 독기를 낸다고 한다.

　인간이 아침에 일어나 힘차게 활동하다 저녁이 되며 쉼터를 찾아 집으로 들어가는 것과 같이 튤립은 아침에 만발하여 활기를 찾다 저녁이면 오므라든다. 애정의 고백이라는 정표로 날씨에 매우 민감한 꽃이다. 반면 저녁에 피었다가 아침에 시드는 꽃 중에는 물망초가 달을 애처롭게 기다리는 듯 밤에만 피는 것도 있다.

　카네이션이 사랑과 정성을 나타내듯 생전의 붉은 꽃인 데 비해 영전에는 흰 꽃으로 애도의 사랑을 나타낸다. 봄에 피는 꽃과 여름꽃이 지나고 가을이 되어 생각나는 꽃은 국화이다. 그래서인지 서예를 하면서 받은 호가 남국南菊이었다.

　국화가 만발할 때 이슬이 떨어져 강물이 되어 그 물을 사용하며 장수를 한다고 한다. 국화꽃은 여러 갈래의 색상으로 나타내는 꽃말이 있다. 붉은 꽃의 꽃말이 고상이라면 흰 꽃은 고결이며 노란 꽃은 시련이라고 한다.

내 삶의 굴레

 기장군이 2015년 9월 정관면이 정관읍鼎冠邑으로 승격한 정관 신도시가 친정이고 장안읍 장안사長安寺 아랫동네 하 장안이 시가이다. 이곳들은 나의 어릴 적 추억이 있고 남편의 추억이 묻은 고향이 된다. 고향을 벗어날 수 없는 우리는 주말마다 그곳에 들러 몇백 평의 주말농장으로 여러 가지 채소를 심어 자급자족하는 기쁨을 누린다.
 연꽃은 여름 식물이다. 몇 년 전만 해도 부산 근교에는 관상용 연밭이 없었다. 전주 덕진공원 등지로 백련과 홍련이 만발할 때 연꽃을 보기 위해 문화 답사를 다녀온다. 날씨가 서서히 더워지기 시작할 때 덕진공원을 다녀왔다. 연꽃이 시기를 지나 예쁘지는 않았다. 잎만 무성하고 꽃이 떨어진 흔적이 많았다.

남부지방 쪽에서 각 마을의 이장님과 개발 위원장들이 여러 지역을 관람케 하여 연꽃의 재배 방법을 익혀 와서 무논에다 연을 심었다. 관광객을 유치하려는 방안인 것 같다. 작년부터 기장군청에서 관장하는 기장군 철마나 장안, 울산시 등지에서 관상용 연꽃 재배를 하여 많은 관광객이 몰려오고 있다. 덤으로 장안사에는 적잖은 신도들이 붐비고 차량이 들어가지 못하는 사례가 생긴다고 한다.

 하장안마을 연꽃 축제에 참석했다. 마을에는 월내에 있는 고리 원자력발전소의 지원으로 해마다 행사한다. 올해도 하장안마을에, 원자력에서 지원이 있어 연꽃 축제가 열리게 되었다. 주위의 철마면에는 연꽃의 활성이 좀 부진한 것 같다.

 일천 명을 예상하고 오백 명에게 무료 음식을 대접한다. 마을 사람들이 합심하여 연밥도 만들고, 연 떡, 연술과 연차도 나왔다. 연차는 그 자리에서 여러 번 찌고 볶아서 했는데 맛이 아주 깔끔하고 향긋했다. 때맞추어 연꽃들도 아름답게 피어서 사랑을 많이 받는다. 각기 카메라를 들고 사진 촬영하느라고 번잡하기도 하다.

 연꽃은 부처님을 기리는 특산품이다. 마치 활짝 핀 연꽃은 부처님이 활짝 웃는 모습을 연상한다. 홍련보다는 백련이 많았으며 차를 만드는 데 많이 쓰이고 있다. 해를 거듭할수록 아름다운 연꽃으로 많은 사람이 인산인해를 이루지 않을까. 연꽃 주위에는 수세미와 박꽃으로 한층 더 풍성함을 느낀다. 길게 늘어뜨린 수세미는 옛날에는 부엌에서 그릇을 씻는 데 한몫을 했다. 그것마저도 공업화의 천연재료에서 자연의 몫을 저버렸다. 박꽃에서는 고전의 《흥부전》에서 박을 타는 장면을 연상한다. 바가지 모양의 박들은 옹기종기 많이도 달려 있다. 햇수가 지날수록 연꽃 사업이 흐지부지해지지는 않을까 아쉬움을 주고 있다.

연의 밭 주위에는 1,300년이 넘었다는 느티나무가 한 그루 있다. 느티나무는 마을이 신성시하는 것으로서 해마다 재단에 정성을 들이는 당산나무이다. 나무가 그늘을 만들어 주어 주위의 사람들로 칭송을 받는 것 같다. 연륜이 있는 만큼 나무에도 품격이 있어 보인다.

내가 어릴 때는 그곳을 가려면 여러 번의 차를 이용해야만 갈 수가 있었다. 지금은 행정구역이 변하여 시로 편입이 되었지만, 옛 동래군, 양산군을 거쳐 지금이 부산시로 승격했다.

중학교 때는 그 지역으로 봄 소풍을 가기도 했다. 교통편이 열악하여 남학생들은 주로 자전거로 통학하고 걸어 다니는 경우가 많았다. 중학교 3학년 마지막 소풍 때가 유난히 기억에 남는다. 도시로 진학할 수 있는 마지막 기수로 특별반, 그 명성 떨쳤던 F반에서 평소 얌전한 남학생이 친구들이 먹인 술에 취해 횡설수설하는 행동에 무척들 당황했던 일이다. 지금은 어디서 무엇을 하면서 사는지 시골 학교의 추억들이 뇌리를 스친다. 그 당시 일선에서 일할 수 있었던 분들은 어느새 한 분씩 다 떠나고 내가 그곳에 서 있을 줄은 까마득히 몰랐다.

요즘은 젊은 사람들의 수가 급격히 줄어들어 장안초등학교도 분교에 가까울 만큼 인원수가 적어 폐교의 위기에 있다. 그나마 원자력 당국의 지원으로 통학버스를 이용할 수 있어 몇 안 되는 학생 수들이 아주 활성적이라고 한다. 여러 가지 과외 활동이 많아 오히려 먼 거리에서 전학을 오기도 한단다. 반면 정관읍의 초등학교는 학교도 많이 생겼지만, 전교 학생 수가 몇 배로 많아지고 있다.

주위에 고속도로가 질주하고 도예단지, 산업단지가 들어와 모든 것이 물질만능의 도시화로 변화되어 가고 있다. 아름다운 산이나 들판이 모두 파헤쳐지고 알아볼 수 없는 공업단지로 변했다.

원자력발전소는 항상 안전이 요구되는 원자력의 위력으로서 지역 발전에 도움이 되는 것은 서로가 상부상조하는 자세가 아닐까 하는 생각을 해 본다.

달 집

 달집 태우기는 신나는 민속놀이다. 일 년 열두 달 중 정월달은 한 해를 시작하는 희망의 달로써 정월 보름에는 둥근달이 유독 크게 보인다. 열두 번의 보름달이 뜨지만, 정월 보름달은 세상을 더 밝게 비추는 것 같다. 새해의 시작을 안내하기 때문일까.

 달집은 나무와 짚 그리고 대나무와 생솔가지 등을 집채처럼 높게 쌓아 올려서 만든 뭉치로써 불을 붙여 밝게 하려고 만든 전통 행사이다. 각 도道나 지역에서는 연례 행사처럼 달집 태우기 행사를 한다. 많은 사람들이 몰려들고 소원을 담은 종이를 올망졸망 매달아 놓는다. 이루지 못한 것을 달집처럼 태워서 소원을 이루게 해 달라고 비손 하며 달이 떠오르기를 기다린다.

 달집을 태운다는 것은 달집 속에 또 달집이 있다. 불

을 지르니 달이 튀어나온다. 달을 하늘에 올리기 위해서 달집을 태운다. 연기가 달의 속으로 들어간다. 달이 하늘에 걸린다. 달집을 태운다는 것은 상승효과를 보인다. 일이 잘되지 않을 때 상승하고 무언가 이루어지지 않을 때 상승한다는 효과를 보이기 때문이다.

서녘에서 해가 뉘엿뉘엿 넘어갈 즈음 땅과 하늘이 맞닿은 수평선에서 엷게 붉은 달이 떠오르며 마치 광채가 스펙트럼으로 퍼지는 광경이다. 서서히 모습을 드러낸다. 사람들은 찬란한 빛의 기氣를 받기 위해 두 손 모아 한해의 소원을 빈다. 가정의 화평과 소망을 바라면서 누구나 가슴 설레는 경험을 할 수가 있었다.

달집 태우기는 예전에는 농사가 주업인 농촌에서 전통적으로 행하는 민속놀이였다. 일 년의 풍작을 위한 것으로 쉽게 보이는 행사였다. 달집이 타서 연기가 날아가는 방향과 달집이 무너지는 방향에 따라서 풍년이 들고 흉년이 드는 것을 점치기도 했다. 지금에는 지역 단체나 나라에서도 한해의 무사태평을 바라는 뜻에서 연례행사로 달집을 만들어 기원을 하기도 한다.

보름에는 먹는 음식에도 의미가 있다. 오곡밥은 한 해 동안 짓는 농사가 풍년이 들게 함이라 한다. 부름을 먹는 것은 부스럼이 나지 않게 하기 위함이다. 두부는 몸을 살찌게 하고 강정은 귓불 기로 먹는다는 풍습이 있다.

　김이 귀한 시절이라 김에 오곡밥을 사 먹으면 산에 가면 꿩알을 줍는다는 풍습도 있었다. 정월보름이 지나면 온갖 생물들은 소생을 하기 위해 눈을 뜰 것이다. 산새들의 생기도 살아나며 알을 낳고 번식기가 돌아온다. 쉽게 접할 수 있는 꿩들의 산란 소리가 요란하다.

　작년 정월에는 달집 아닌 달집을 수없이 태웠다. 대책 없는 숲의 나무들과 대나무밭을 정리했다. 나무들을 잘라내고 대나무 바닥은 끌어내고 자유분방하게 자란 대나무는 제자리를 찾게 했다. 주변 정리가 깔끔하게 하기까지는 대나무 키만큼이나 치솟는 불길은 정말 환상적인 불꽃놀이였다.

　올해 또한 보름달 뜨기를 기다린다. 달집으로 태울 장작과 대나무 뭉치를 가득 쌓아 놓고 있다. 화기로 인한 불길로 좋지 못한 모든 것이 다 사해졌는지 작년에는 집안에 별 사고 없이 잘 지내온 것 같다. 올 역시 그럴 것이라 믿는다.

　달집을 만들 때는 쌓은 나무 위에 생솔가지를 연거푸 쌓는다. 나무가 순식간에 타는 것을 막기 위함도 있지만 더 많은 연기가 하늘로 치솟아 오르게 하기 위함이다. 달집 태우는 광경에서 우리는 또 다른 이면을 연상케 한다. 불가에서는 스님이 돌아가시며 장작을 쌓아 놓고 시체를 태우고는 사리를 가려내는 다비식을 거행한다. 이 또한 많은 것을 버리고 깨끗한 정신을 잇기 위한 것이기도 하다.

내가 어릴 때는 소쿠리나 광주리 같은 것을 들고 친구들과 어울려 다니면서 집마다 보름 오곡밥을 얻으러 다닌 적도 있다. 이는 여러 집의 밥을 얻어먹으면 복을 받는다는 풍습 때문인 것 같다. 또한 그 집의 밥 풍습은 어떨까 하는 것도 알 수가 있었다.

동네 어른들은 농악대를 구성하고 장구나 꽹과리를 가지고 집마다 돌아다니면서 한바탕 놀고는 내어놓는 술도 마시고 용돈도 푸짐히 받아 가는 풍습도 보았다. 가정의 액운을 쫓아 버린다는 풍습인 것 같다.

요즘에도 보름이 다가오면 재래시장에서는 고깔을 쓴 농악대들이 꽹과리나 북, 장구를 치면서 한 바퀴 돌기도 한다. 머리에는 기다란 끈이 달린 모자를 쓰고 기술적인 목놀림을 하여 흥을 돋운다. 시장과 주변들의 액운을 쫓고 시장의 화평을 기원하는 행사인 것 같다.

가끔씩은 달집을 태우다 부주의로 큰 불을 내는 수도 있다. 입고 있는 옷을 태우고 머리카락을 태우기도 한다. 어릴 때의 생활에서는 전통적인 풍습으로 이어와 쉽게 접할 수가 있었지만, 서서히 우리의 전통들이 하나씩 잊어져 사라지고 있다는 것은 아쉬움과 안타까움으로 남을 뿐이다.

미역의 풍미와 추억

　기장의 자연환경에서 자란 대변항 미역은 그 맛과 향이 독특하며, 쫄깃한 식감이 특징이다. 최적의 어장에서 수온과 조류의 영향을 받으며 자란 미역은 마치 바다의 선물처럼 신선하게 건져 올려진다. 이 미역은 다양한 조리법으로 쉽게 요리할 수 있어 많은 이들이 사랑하는 재료로 자리 잡았다.
　미역은 특히 추운 겨울철, 싱싱하게 요리에 활용될 수 있다. 비록 건조되어 습기가 제거되거나 염장 처리하여 저장되지만, 그 특유의 풍미는 여전히 살아있다. 미역의 모든 부분은 버릴 것이 없다. 줄기는 잘게 찢어 소금에 절여 여러 요리에 쓰이고 미역귀는 건조하여 간단한 안주로 활용된다.
　미역국은 산모들에게 피를 맑게 하고 빠른 회복을 돕

는 효능이 있어 '회복의 음식'으로 알려져 있다. 또한 모유의 양을 늘리는 데 도움을 주기도 한다. 미역과 함께 다시마는 체내 알칼리성 유지를 돕고 섬유질과 칼륨이 풍부하여 김, 파래, 톳 등과 함께 해조류의 대표적인 자양분 식재료로 여겨진다.

기장군은 산과 바다로 어우러진 아름다운 고향이다. 바다에서 쉽게 구할 수 있는 해조류 덕분에 어릴 때부터 자주 미역을 먹었던 기억이 떠오른다. 해조류는 계절마다 그 모양과 맛이 달라져 바닷가에서 추억은 언제나 새롭고 반가운 것이다.

기장의 또 다른 자랑은 왕 멸치다. 봄가을에 주로 잡히는 멸치는 이 지역에서 특유의 맛을 자랑하며, 멸치젓갈로 담긴 김치는 지역의 특미로 손꼽힌다. 어린 시절, 멸치 철이 되면 어머니는 멸치 섞박지 김치를 담가 가족들에게 큰 인기를 끌었다.

당시에는 멸치볶음을 도시락 반찬으로 애용하고 있었지만, 뇌리에는 도시락 반찬으로 싸본 기억은 멀기만 하다. 부모님의 힘든 살림살이를 떠올리면 마음이 아련하다.

어린 시절, 미역이 이 세상에서 가장 맛있는 음식이라고 생각했던 때가 있었다. 초등학교 4학년 때, 울산에 사는 당숙모가 우리를 데리고 시내 구경을 하며 신선한 미역의 맛을 알게 해 주셨다.

미역을 푹푹 씻고, 큼직하게 썬 후 된장과 마늘을 듬뿍 찍어 돌돌 말아먹었던 기억은 지금도 생생하다. 그 후에는 〈심청전〉 영화를 보며 많은 것을 배웠다. 그때의 기억은 그리움과 함께 마음속에 오래도록 남아 있다.

세월이 흐르며 많은 것이 변했지만, 어린 시절의 먹거리에 대한 기억은 여전히 특별하다. 지금은 같은 재료로 음식을 만들어도 그때의 맛이 나지 않는 것을 보면, 세월의 무상함을 실감 나게 한다. 그런데도 과거의 맛은 여전히 우리의 입맛에 깊이 각인되어 있다.

기장 바다의 갈치도 빼놓을 수 없는 별미다. 갈치는 낮에는 모래바닥에 엎드려 있다가 밤이 되면 수면 위로 떠오른다. 밤이 되면 바닷가를 걸으며 갈치잡이 배에서 올라오는 불빛을 본다. 그 불빛을 따라 한 마리씩 낚아 올리는 갈치는 새벽의 신선함을 그대로 품고 있어, 그 맛을 잊을 수 없다. '둘 먹다 한 사람 쓰러져도 모른다'라는 말처럼, 갈치의 맛은 그 누구도 부정할 수 없는 일품이다.

기장에는 또한 곰장어가 특색 있는 요리로 유명하다. 집안에 친척들이 모이면 통과 의례처럼 곰장어를 한 바구니씩 사 와서 짚불이나 생솔잎에 구워 먹는다. 굵은소금과 참기름을 찍어 먹으면 그 맛은 그야말로 일품이다. 어릴 때는 그 껍질이 징그럽다고 아우성을 쳤지만, 이제는 그 맛이 그리워질 만큼 소중한 추억이 되었다. 지금은 그날들이 잘되지 않음이 아쉽기만 하다.

곰장어는 스태미나 식품으로도 유명하며, 양념구이, 소금구이, 매운탕 등 다양한 방식으로 맛을 즐길 수 있다. 기장의 바다에서 잡히는 붕장어는 아나고회로 불리며, 즐겨 먹는 횟감으로 그 신선함 자체도 큰 인기를 끌고 있다.

미역은 기장뿐만 아니라 다른 지역에서도 특산물로 사랑받고 있다. 제주나 거제 등지에서도 돌미역이 상품화되어 판매되며, 지역마다 미역은 잘 풀리는 것이 있고, 그렇지 않은 것도 있어 먹는 방식이나 요리법이 다르다.

특히 기장의 미역은 청정 바다에서 자라 더욱 맛있고 건강에 좋은 식재료로 자리매김하고 있다. 그 다양한 활용도와 영양적 가치 덕분에, 기장 미역은 사람들의 건강을 지키는 중요한 역할을 한다.

바위

바위는 때론 천연기념물이 되기도 한다. 암각화는 주로 경상남북도의 산이 많은 동쪽 지방 울산, 경주. 고성, 포항 등지에서 암각화가 발견되고 있다. 암각화는 주로 물가의 큰 바위에서 많이 볼 수 있다. 물가의 주변에는 사람들이 많이 살았다는 증거가 되기도 한다. 물은 생명의 원천이며 재생과 부활을 상징한다. 돌도 불변설이라 하여 숭배의 대상이 되었다. 바위에 그림이나 문양을 새기는 것은 자연스러운 일이었다. 바위에 새겨진 암각화는 중요한 의례의 대상이었고 신앙 의식의 발로이기도 하다.

가끔 산행하면서 바위들을 볼 기회가 있었다. 암벽들이 많이 있는 산이 있다. 신기하리만큼 각양각색의 모양들을 볼 수가 있다. 인간을 닮은 것도 있고 동물이나 새의 모양을 닮은 것도 있다. 경남 합천의 감암산으로 산행을 한 적이 있다. 사람 모양을 한 상하 나체로 구분된 것도 있다. 바위의 허리춤에 산에서 자라는 연분홍 철쭉이 흙도 없는 바위틈에서 상생하는 것을 보았다. 기생 식물이다. 목걸이를 한 바위도 있다. 신기한 절경에 한참을 보면서 포즈를 취해 보았다.

바위에도 생명들이 있다. 돋보기로 자세히 살펴보니 수많은 푸른 이끼가 자라고 있는 것을 볼 수 있었다. 이끼 종류는 다양한 모양을 하고 있다. 납작한 것도 있고 머리채가 불룩 튀어나온 것도 있다. 머리 삿갓을 쓰고 길쭉하게 가느다란 댓 줄만 있는 것도 있다. 이끼는 신비로움을 간직한 생물이다. 흙도 없는 바위틈에서 이끼는 바위의 생태를 먹고 산다. 바위틈에서 물이 흘러나오는 예도 있다. 자연의 조화가 신비스럽다. 풍화 작용과 수많은 세월의 인고 속에 모양새를 만들기도 한다. 생명이 있는 바위라면 어쩐지 측은한 모습의 경우일 것 같다. 바위가 번식하기는 어렵다. 풍화 작용으로 깨어지고 갈라져 흩어지면 둘레에 수많은 바윗덩어리를 만드는 것 같다.

물이 출렁이는 바닷가의 바위들은 부드러운 곡선을 많이 간직한다. 밀물과 썰물의 조화 속에 매끄럽게 갈고

닳았기 때문이다. 하루에도 수 천 번 수 만 번의 날름거리는 파도에 닳을 대로 닳아서 아름다운 운석이 되었다.

울주군 산내 산자락에 평온한 집이 있다. 집 뒤에 큰 바위를 자연 그대로 두었다. 지질학자의 말에 몇만 년 전에 사람이 살았다는 흔적이라 했다. 암각화인 것 같다. 그곳의 깊은 산 중턱에는 암각화가 많이 있을 것 같다. 몇십 년 전에도 산적들의 무리가 있어서 견딜 수가 없어 아랫동네로 내려와서 살았다 했다. 흔적이 있는 바위를 돋보기를 이용하여 숫자인지 그림인지 자세히 살펴보았다. 그려 놓고 보니 조그마한 동네를 연상하는 것 같다. 오래도록 보존할 것이다. 무언가 집안의 기를 채워줄 것 같은 예감이 들었다.

여러 종류의 나무들이 자라고 있다. 산이라고 나무만 있으면 조화롭지가 못하다. 울퉁불퉁 바위들의 모양새와 흐르는 계곡도 있고 지저귀는 새들도 있으며 덧없이 오가는 푸른 구름과 안개도 있다. 이런 형태에 따라서 산의 아름다움을 나타낸다. 지천으로 깔린 바위도 여러 모양을 가지면서 쓰임에 ㄱ 본연의 아름나움을 누린다.

요즘은 돌을 이용한 건축물도 많다. 석공들은 큰 바위를 이용하여 멋진 형태를 만들어 훌륭한 조형예술을 만든다. 볼품없고 하찮은 돌일지라도 여러 형태로 바뀔 수 있다.

"금강경도 식후경"이라고 할 만큼 사계절의 아름다움을 나타내는 금강산의 자태는 어떠한가. 경북 경산 대한리의 갓바위와 국립공원 설악산의 흔들바위, 동해와 삼척의 경계를 끼고 있는 촛대 바위는 우리나라에서도 으뜸가는 곳이기도 하다.

바위도 나라의 크기에 따라 느낌이 다르게 느껴진다. 중국 장가개 산 바위는 너무나 웅장해서 장중함을 보인다. 미국이나 캐나다의 산 바위들도 볼수록 거대함을 보인다. 바위는 다 같은 암석인데 이국의 바위는 더 웅장하고 거대하게 보이는 것은 땅이 넓고 방대함 탓일까?

삼국유사의 숨결
- 군위군 -

 군위군의 보물을 체험한다. 갓 벚꽃의 물결이 지나고 4월의 무던한 자연풍경에 푹 빠져본다, 까마득히 몰랐던 군위군의 보물들을 만나고 감회가 새로웠다. 4월의 날씨는 아주 맑고 청명하고 쾌청하다. 구름 한 점 없는 하늘과 적당히 피어나는 나뭇잎의 환상이 군위군에 묻어있는 유물들의 보답이라도 하듯 감회를 깊게 한다.

 그곳 화본마을의 유래가 남쪽의 팔공산과 동쪽의 조림산이 가로막아 접근하기가 쉽지 않은 곳이다. 일제 강점기 때 지어진 화본역과 관사, 고인돌과 증기 기관차의 급수탑, 추억 속의 찻집이나 여전 상회 등 근대의 풍물들이 그대로 살아 있어 정겨움을 더해준다.

 화본역에는 역무원들이 썼다는 모자가 진열되어 있다. 그때의 모습이 회상되었다. 허름하지만 여성 모자가 있어 여 역무원의 모습을 떠올리며 사진도 찍고 추억을 남겼다. 전국에서 가장 아름답다는 화본역, 완행열차가 오가는 철길은 지난날의 엿가락 같은 선로들이 멀리서 달려오는 완행열차의 모습을 떠오르게 한다.

증기 기관차의 급수탑에는 물을 이용한 기관차의 모습들이 그대로 놓여 있어 유물로 전해 옴을 자랑으로 여긴다. 아쉽게도 급수탑이 유네스코 등재를 할 기회를 놓친다. 방치된 건물의 큰 문이 마모되어 문을 재건한 탓으로 유네스코 등재에서 누락이 되었다고 한다.

이 시대의 표상 김수환 추기경의 생가가 태마 공원으로 복원되어 있다. 추기경은 종교와 관계없이 많은 사람에게 존경받으면서 살아왔다. 잠깐이라도 도자기를 구어 팔아서 생계를 유지한 어머니와의 추억으로 초가삼간 옛집의 생가가 지난날의 가난했던 그날들이 한눈에 재현되고 있다. 좁은 툇마루와 낮은 처마가 그 시절의 정감을 더해준다. 추기경의 '사랑 나눔 공원'과 옛 추억들이 오롯이 되살아나는 그 지역 신성 면에서 '엄마, 아빠 어렸을 적에' 등의 지역을 둘러본다.

마을의 휴식이나 회의 장소가 되는 큰 정자에서 둘러앉아 간단한 회의와 유희 시간도 가진다. 마을의 유익한 장소를 우리도 쓸 수 있다는데 마을의 후덕한 인심에 다시 한번 고마움도 있었다.

그 지역의 자랑으로 여기는 국보 제109호인 부계면의 삼존 석불은 제2의 석굴암 석불에 비추어 산 중턱 바위 굴속에 안치되어 있어 더 값진 유물로 돋보이게도 한다. 마치 초파일을 목전에 두고 있어 연등의 행사가 하늘을 날리고 있다. 점심 공양으로 군에서 선정해 주는 〈작은 영토〉란 식당에서 자연식의 연밥 정식으로 자연의 신선함을 음미했다.

전통마을로 유명한 '대율리 한밤 마을' 돌담길의 정겨움이 제주 돌담길의 제2곳이라 할 만큼 천년의 세월에도 입구가 아득할 정도로 길게 이어져 있는 십 리의 돌담과 고택들이 고스란히 보전되어 있다. 주변의 정자와 돌담의 자연 조경들이 찾는 이들의 발길을 멈추게도 한다. 집마다 높다랗지 않고 나지막한 돌담들이 두런두런 옛이야기를 나누는 듯 정겹게 둘려 있다.

마을의 젊은 부부가 운영한다는 전통주 빚는 〈예주가〉에 들어 배와 생강으로 빚은 이가주와 똥딴지 막걸리, 원액 사과주서와 보리 발효 빵 등 특산물을 사기도 한다. 마을의 운영으로 된장, 간장, 고추장도 서둘러 사 가는 분들도 많았다.

허허벌판이라 해도 과언은 아닐 듯 인각사는 일연선

사 삼국유사의 집필 지로 유래된 역사적인 고장이기도 하다. 많은 인고의 세월을 겪으면서 아직도 건재해 있다는 것에 감탄할 일이다. 신라 선덕여왕 때 창건이 되었으며 고려 충렬왕이 왕명으로 중건하여 토지를 내려 보각국사 일연선사의 하산 소로 정한 곳이기도 하다. 전설적으로 화산과 기린이 뿔을 올렸다는 학소대가 병풍처럼 둘러있어 아름다운 곳으로 위천渭川이 휘감아 도는 곳에 자리한 사찰이 된다. 선사가 인각사에서 삼국유사와 많은 불교 서적을 저술하기도 한 곳이다.

여러 곳의 문화 답사와 기행을 다니면서 고장의 풍물이나 유적들을 톺아보는 계기가 많다. 어느 곳이나 우리나라의 아픔이고 자랑이고 역사적인 사적이 된다는 것에는 변함이 없다.

군위군이 올 8월에 삼국유사 테마파크를 개장할 것을 4월에 개장하여 시범하다 우리가 가는 전날에 사소한 사고가 있었다고 하여 우리는 돌아볼 수 없는 아쉬움을 주었다, 사적은 다시 한번 찾아 그 지역의 문화재를 관람하는 계기가 있으며 하는 바람이다. 삼국유사의 숨결을 간직한 역사적인 교훈을 얻었다는 것에 큰 감명을 받았다.

술래바퀴처럼

 봄은 계절의 시작이다. 움츠리고 있던 모든 생명이 땅 속 나뭇가지 속에서 눈을 뜬다. 그 소리에 봄의 힘이 묻어 나온다. 새로운 계절이 시작되는 신호를 듣는 귀는 봄 소리로 가득 찬다.

 갖가지 푸성귀들이 싱그러운 눈을 뜬다. 냇가 둔치에도 잡초들의 새 기운이 풋풋하다. 한겨울을 넘긴 고라니도 듬성듬성 발자국을 남긴 채 마른 숲 속으로 몸을 감춘다. 어스름 녘이 되면 고라니는 푸성귀를 뜯으러 밭으로 내려온다.

 봄볕이 멀리 아물거리다. 봄 햇빛은 연한 듯하면서 사람들의 살갗을 태우느라 은근한 볕살을 땅에 퍼붓는다. "봄볕에 며느리 내놓고 가을볕에 딸자식 내어 놓는다."는 이기심 같은 일방적인 속담에도 그만한 이유는 있어 보인다. 봄볕은 싱거운 듯하면서 바늘 끝처럼 날카롭다. 오래 햇볕을 쬐면 알게 모르게 얼굴 살갗이 탄다. 반면 가을 햇볕은 농작물과 과일을 익힐 뿐 따갑지 않다.

 봄 향기를 돋우려 땅의 기운이 제 일을 하느라 바쁜 계절이다. 천지는 활기를 찾아서 살아난다. 산수유가 피어나고 목련화가 피어난다. 개나리의 꽃 무리도 군락지를 만든다. 노란 꽃망울이 언덕배기에 가장 먼저 얼굴을 내민다. 화사하게 피어난 목련화는 애처롭게 떨어져 슬픔을 주기도 하지만.

 봄이 되면 일손이 있는 대로 바쁜데 춘곤증이 기세를 부린다. 봄기운과 함께 세상 만물은 새로운 발자취를 찾아 하나씩 결실을 향해 걸음이 바쁘다.

 여름은 푸르른 잎사귀들이 몸에 푸른 물감으로 치장한다. 변신하는 것처럼 보인다. 좀 더 숙달된 환경이 원숙한 새로움에 발을 들여놓는다. 간간이 여름비가 내리면 대밭에서는 죽순들이 하늘로 키를 뽐낸다. 냇가에 흐르는 물소리는 조금씩 힘 있게 흘러내린다. 햇빛은 하루가 다르게 강렬한 빛을 땅에 내려놓는다. 텃밭의 길게, 늘려 놓은 고추밭이랑에서는 푸른 옷을 붉은 망토 빛으로 갈아입기 시작한다.

유난히 반짝이는 도토리나무 잎사귀는 조금씩 넓어만 간다. 왕성한 공기는 더럽혀진 대지를 여기저기 분산을 시키니 눅눅한 긴 장마를 먹고 자란 푸른 이끼들은 제 세상을 만났느냔 기세를 부릴 것이다. 생명력이 강한 이 끼들은 틈만 주어지면 그 세를 넓히며 사람들의 생활을 변화시키려 든다.

매실이 영글어가고 오디나무에는 손톱만큼의 열매가 주렁주렁 열릴 때는 풍성한 여름을 떠올리게 한다. 무논에는 곡식으로 채워질 벼 이삭들이 내 마음의 풍선만큼이나 알이 차오른다. 머지않아 황금물결로 벌판을 메워 줄 것이다.

가을은 가장 귀한 보배 같은 계절이다. 환경의 모진 풍파 견뎌내고 겸손하게 고개 숙인 교양 곡식들은 만물의 생명을 이어가게 하는 은총이다. 여름에서 늦가을까지 열매로 애정을 보내주는 보랏빛의 가지가 갖가지의 쓰임에서 암의 특효 음식으로 사랑을 받는다니 보랏빛이 새롭게 돋보인다

영물이라 불리는 까마귀와 까치들, 비둘기도 한몫한다. 먹이가 풍성하니 울어대는 소리도 소프라노로 지저귄다. 이들은 콩류나 참깨를 아주 잘 먹어 치운다. 아름

다운 몸매를 자랑하는 암꿩들은 땅콩밭을 식량인 양 쑥대밭으로 만들어 놓는다. 겉이 까칠하여 속이 아플 것 같은데도 메밀을 아주 가볍게 먹어 치우기도 한다.

오디가 피어날 때면 어릴 때 집안 전체가 누에를 길러 고치를 경매하던 지난날의 생각이 떠오른다. 후에 그 누에고치는 일본인들의 강요로 행해졌다는 것을 알고는 씁쓸한 생각이 들었다. 힘없었던 나라의 비애였다는 것을 배우면서 알게 된다. 빨간 색상의 변화로 까만 오디 열매의 잎사귀들이 그런 추억이 있을 줄이야.

겨울은 만물이 휴식을 취하는 동면기 같은 계절이다. 생물들도 씨앗을 남기면서 쉬어야 할 기간이 있다. 지쳐버린 땅도 쉬고 싶으리라. 개구리가 겨울잠을 자기 위해 깊은 땅속으로 들어가고 땅도 쉬면서 양분을 보충하는 시기를 가진다.

겨울 작물이 고귀해 보인다. 추위를 마다하고 곳곳에 살아 또 다른 생명의 은혜가 된다. 땅의 휴식과 함께 조화를 이루면서 찬바람을 먹고 강인함을 몸에 익힌다.

수확을 끝내고 휴식기를 맞고 있는 빈 들녘은 서로의 냉기를 다독거리며 봄을 맞을 준비를 한다. 인간이 지난 일을 잊고서 새로움에 도전하는 것과 같이 땅들도 아팠던 계절의 풍파는 까마득히 잊는가 보다. 다시 새로운 열매를 잉태하려고 움츠렸던 몸을 펼 것이다.

  매화나무에는 벌써 꽃 몽우리가 맺힌다. 머지않아 봄이다. 봄, 여름, 가을, 겨울이 술래 바퀴처럼 굴러간다.

연등

 종교적 의미로 어둡고 어지러운 세상을 걷어내는 행사로 연등을 들고 제등 행렬을 하기도 한다. 지혜로운 자비와 세상의 소원을 비는 마음을 담는다.
 연꽃 모양의 연등은 대나무에 한지를 입혀서 만든다. 한지를 사용하여 한쪽 끝을 손가락으로 비벼 말아 연꽃잎 모양으로 한다. 그 꽃잎을 하나하나 손으로 부쳐 만들어 아주 많은 정성을 들인다. 마음을 수양하고 공을 들인다. 등을 밝힘으로써 소원을 빌고 자녀의 수만큼 불을 밝혔으며 다른 이들보다 높이 큰 등을 매는 것을 자랑으로 여기는 풍습도 있었다.
 4월 초파일이 되면 두서너 곳 사찰에다 연등을 단다. 일 년 동안 대웅전 법당에 달아서 가족들의 무사안일을 축원한다. 마음에 우러나는 정성으로 그곳을 찾는다. 꼭 그곳에 가야만 성불이 되는 것만은 아니다. 마음의 부처님을 간직하고 소원을 빌어 본다. 법정 스님의 말씀이 귓전을 때린다. "여보게! 부처님은 꼭 절에 가야만 있는 것이 아니네. 주위의 가난한 사람들을 보고서 마음이 가는 곳이 곧 부처님을 만나는 곳이네. 부처님은 한갓 인간이 만들어 놓은 돌의 형상"이라는 글귀를 본 적이 있다.

많은 신도의 행렬이 인산인해를 이룬다. 형형색색 모형들이다. 절 모퉁이를 돌아 참배하는 사람, 무언가를 하나라도 더 받아 보겠다고 빌고 또 빌어보는 사람, 그 날만 되면 짐짝처럼 쌓인 물건들을 가지고 와서는 팔아 보겠다고 아우성을 친다. 주위는 분명 탄생일을 축원하는 문구들이 곳곳에 걸리고 마음들은 두 갈래로 엇갈리는 사람도 있을 것이다.

마음에 있어서 새기는 것보다는 주위의 분위기에 따라서 자신들의 마음도 끌려 들어가게 된다. 절 마당은 온갖 모양의 등으로 수를 놓은 듯하다. 용의 형상과 코끼리의 형상이 유달리 눈 맞춤에 어우리진다. 내웅전 법낭에 들러 온갖 번뇌를 버리고 정신을 모아 본다.

부처님께 삼배하고 서둘러 밖을 나오니 하늘을 치솟은 탑이 나를 우러러보고 있다. 잘 좀 하라고 고행을 집어주는 듯하다. 일 년 중 가장 큰 행사인 4월 초파일 평소에 조금씩 나누어서 마음을 열어 보는 것도 살아가는 생의 갈림길에서는 큰 보람을 만들어가는 수행이 되지 않을까 싶다.

일전에는 고전 문화 답사에서 큰 사찰로 국보 제311호인 봉정사 대웅전을 찾았다. 그 주위에서 공양하고 주변을 둘러보며 사찰의 역사나 유래를 살펴본다. 대웅전에 들러 삼배도 했다. 봉정사는 경북 천등산에 자리하고 있으며 의상대사가 창건한 천년의 역사가 담긴 절이다. 의상대사가 영주 부석사를 세우고 종이로 봉황새를 만들어 날려 보냈는데 새가 이곳에 내려앉아 그 자리에 절을 짓고 봉정사라 이름 지었다는 설이 있다.

봉정사 대웅전은 다른 어떤 사찰과는 다른 점이 있다. 자연석의 막 돌기단 위에 세워졌는데 대웅전 앞면에 툇마루를 설치한 것이 특이하다. 기둥이 주간 크기에 비해서 안정감을 준다는 것이다.

팔작 다포계 기둥이면서도 단청이 화려하지 않아 우아하고 기품이 있다. 기둥에 그려진 거꾸로 세워진 화분 모양이 특이한데 무슨 이유인지는 모른다. 목조건물인 극락전 앞마당에는 자그마한 석탑 하나 서 있을 뿐 단정하기만 하다. 조선 초기 양식을 잘 보존하고 있어 국가

지정 문화재 국보로서 역사적, 예술적 학술 가치가 충분하다는 것이다.

영주 부석사의 무량수전 배흘림기둥이 건물의 안정성을 가지는 경우와 흡사하다. 무량수전은 국보 제18호로 우리나라 최고 목조건물의 중심으로 지붕 형태가 곡선형으로 지붕을 안전하게 지지해 줄 수 있도록 설계되어 있다. 그곳에는 극락정토를 상징하는 아미타여래 불상도 모시고 있다.

무량수전에는 처마 마루 선이 있다. 이는 네 귀를 치솟게 하여 착시현상 교정과 육중함을 가볍게 효과를 낸다는 것이다. 영주 부석사는 태백산과 소백산을 잇고 있으며 웅장함과 고고한 자태로 언제까지나 그 자리에서 전통을 이어갈 것이다.

사찰은 항상 산의 정기를 지니고 있어 어느 곳을 가나 숙연해진다.

치앙마이 기행

 치앙마이는 태국의 제2 도시이다. 북부에 자리하고 있는 가장 큰 도시이며 문화적으로 중요한 곳이다. 치앙마이주州의 주도가 된다. 최근에는 이곳이 현대적인 도시로 변화를 불러오고 있으며 해마다 약 100만 명의 관광객을 불러 모으고 있다.

 아이들이 어렸을 때 방콕을 관광하여 파타야를 다녀온 적이 있다. 그저 아이들에게 무엇이든 견문을 넓혀주겠다는 일념으로 방대한 관광 코스만 잡아 동남아 4개국이라는 태국, 싱가포르, 인도네시아, 말레이시아 등을 둘러보았다.

 여름방학을 맞아 4박 5일의 일정으로 여러 명이 골프 게임도 하고 관광도 할 기회를 가졌다. 우리나라의 늦가을쯤 된다는 치앙마이는 잎이 떨어지고, 새싹이 나기도 하는 세계에서 가장 살기 좋은 곳 중의 한 곳으로 정평이 나 있다. 치앙마이의 계절은 물의 부족이 일어나는 건기乾期 철로서 낮 기온이 최고 33도를 웃돈다고 한다. 새삼 사시사철의 계절이 있는 우리나라에서 태어난 것을 행운이란 생각이 들었다.

 수도인 방콕과는 달리 제2 도시인 치앙마이는 산악지대로서 항상 물의 부족으로 어려움이 있다고 한다. 음용수는 지하수를 이용, 물이 부족하여 샤워 시설이 불편하기 그지없다. 자연적인 숲의 생태가 더운 나라로서는 최적의 시설이라고 한다. 사람들 또한 키나 체격이 작고 빨리 빨리란 단어는 미지의 세계이며 느긋하면서 느려 터졌다고나 할까. 더운 지역 사람들의 생리가 게으르게 살 수밖에 없는 실정이다.

 넓은 땅덩어리에 자연의 순리대로 숲이 흩어져 있는 야자수들의 풍경은 아주 이지적이었다. 가는 곳마다 인공 호수는 늘어져 있지만 탁하고 우중충한 물의 빛깔은 생명이 없어 보였다. 태양이 내리쬐는 한낮에는 피부 또한 착색되는 대는 한몫을 한다.

 하지만 유럽인들이 태국을 즐겨 찾는 또 다른 이유가 있다. 3S의 미덕이다. 3S는 sun... 장렬한 태양에서 선탠의 미, sea...에메랄드색 바다, smile...미소 가득한 친절의 나라로 여겨지기 때문이란다. 모든 것이 자연 그대로 펼쳐진 천혜의 지역인 것 같다.

태국은 동남아 주변의 유일한 식민지 나라가 아닌 독립된 나라이다. 주로 관광, 쌀 수출, 주석의 수입으로 경제 발전을 하여 살아간다. 버스를 이용할 시는 장시간 타고 가야 하므로 버스 안에는 음식이나 음료 등이 준비되어 있다고 가이드하는 팀장이 일러 주었다.

얼마 전 물난리가 난 태국의 수도 방콕은 오목 지역으로 되어 있다. 물이 들어오게 되면 빠져나갈 수가 없다. 홍수가 나면 큰 피해를 보게 되는 곳이란다. 차가 떠다니고 인명 피해가 컸으며 국토의 70%가 물에 잠기는 경우가 있었다.

북쪽의 치앙마이는 란나 왕국으로 1939년까지는 우리의 북한과 같은 나라였으며 1940년 남쪽의 국왕이 합병하였다. 평강과 주요 교역상의 전략적인 위치에 있어 역사적으로 중요한 곳이다. 수공예품, 우산, 보석과 같은 목조의 중심지이다. 치앙마이의 주변 지역을 포함한 도시권의 면적이나 인구는 계속 늘어나는 추세이다.

수년 전에는 도시 주변 미얀마에서의 위협 때문에 방어용 성벽으로 둘러싸여 있었으며 란나 왕국이 쇠퇴하면서 도시는 중요성을 잃어 갔다. 미얀마와 타이의 아유

타야 왕조에 점령, 후에 미얀마의 전쟁에서 아유타야의 패배로 치앙마이는 버려진다.

1977년 탁 신왕의 도움으로 미얀마를 물리치고 치앙마이는 공식적인 도시의 일부가 되었다. 점차 문화적, 경제적으로 중요한 위치로 성장하고 타이 북부의 비공식적인 수도이자 방콕에 이어 제2의 도시가 되었다.

치앙마이 시내로 들어와 왓 사원의 웅장함에 고개를 숙였다. 사원을 오르는 계단에는 팔자 좋게 수호신처럼 누워 있는 큰 누렁이가 한 마리 있었다. 그 개가 죽는 날에는 사원의 운명이 달려 있다고 했다. 수많은 사람들이 오가도 꼼작 않고 가로질러 누워 있지만 누구 한 사람 불평하고 접근하는 이가 없었다.

사원의 내부는 찬란했으며 신도들도 아주 많았다. 사원 안의 고목 같은 큰 기둥에는 블루사파이어와 에메랄드로 장식된 화려함이 빛을 발하고 있었다. 내부 건축양식의 웅장함에 다시 한번 경건한 마음으로 바라보았다.

밖으로 나오니 역대 치앙마이 왕족의 사리를 모신 납골 탑이 즐비하게 자리 잡고 있었다. 금으로 만든 탑과 탑 사이에서는 붉게 사라져 가는 석양이 영롱함으로 관광객의 마음을 사로잡았다. 모두가 촬영하기에 열정을 쏟았다.

이어 세계에서 가장 크고 방대하다는 야시장에 들른다. 낮에는 길가가 너무나 한산하여 한적함을 가지지만 밤에는 온갖 물건들이 쏟아져 나와 휘황찬란한 광경이다. 유럽인들이나 주변국의 사람들이 많이 찾아서 물건들을 사 간다.

전쟁이 많았던 태국에서는 아들을 보호하기 위해 여성으로의 삶을 살아가게 한 게이들의 모습을 볼 수가 있다. 남성도 아닌 여성도 아닌 그 모습에서 마냥 상품에 빗대기로 하고 있으니 측은하기 이를 데가 없었다.

내 나라를 사랑하며 지켜야만 미래가 있다는 것을 철저하게 배우는 계기가 되었다.

대숲을 찾는다

송차식 수필선

4

수측다욕壽則多辱

고요

기후변화

깨치지 못한 것이 많다

돌아온 핸드폰

맛의 승부

벌의 생태

복덩이라 부르리

수명이 다하다

수측다욕壽則多辱

수필 쓴다는 것

신행新行

고욤

 고욤 일흔이 감 하나만 못하다는 말이 있다. 속담에 "자질구레한 것 아무리 많아도 큰 것 하나를 못 당한다"라는 뜻이다. 그만큼 자그마한 고욤은 감 같은 모양이다.
 가을 수확 철이 되면 구슬 크기의 발그레한 열매가 가지마다 주렁주렁 열린다. 강하게 떫은 것이 단점이다. 열매는 감이랑 비슷하지만 크기는 훨씬 작으며 씨가 많은 것이 고욤의 특징이다. 고욤이 작은 몸속에 많은 씨앗을 품어 우수한 유전자를 배출하기 위해서는 매서운 세상에 맞서 책임을 다하는 맹렬한 부류의 나무이기도 하다.
 고욤나무는 지역에 따라 다르게 부르기도 한다. 내가 어릴 때는 깨감나무라고 했다. 또는 땡감나무라고도 했다. 깨를 비유할 만큼 작은 감이 열린다고 불렀다는 것이다. 산과 들에도 야생으로 잘 크고 낙엽이 많으며 키가 크게 자라는 나무이다.

고향 집 언덕바지에 깨감나무가 있었다. 주렁주렁한 감을 한 움큼씩 따서 입안에 넣는다. 감보다 씨가 더 많이 나와 내뱉었던 기억이 새롭다. 홍시가 아니면 아주 떫음이 강했다. 고욤이라는 단어가 무색하게도 내가 성인이 되기도 전에 다 사라진 종이 된 것 같다. 하루에도 수십만 가지 생물의 종이 사라진다는 것이다.

우리 남편은 새로운 공법으로 고욤나무를 심어 보기로 한다. 가을이 되어 철마 어느 찻집에서 고욤나무에 고욤이 많이 달려 있어 신기하기도 하여, 한 움큼 입안에 따서는 씨앗을 내뱉어 심어 보기로 한다.

내가 알기로는 입안 침이 묻은 씨앗은 나지 않는다고 들었다. 그런데 고욤은 그렇지 않았다. 고욤씨를 고이 간직하여 씨앗으로 정성껏 심었다. 오가며 싹이 나는지 관찰한다. 어느 시기가 되니 10포기의 고욤 씨앗이 올라왔다. 신기하기도 했다.

그대로 겨울을 넘겼다가 봄이 되면 옮겨 심을 것이라고 한다. 지금도 잘 자라고 있다. 정성이 두 배면 잘 자라주지 않을까. 고욤 열매는 그대로 담가 잘 숙성하면 맑은 물이 나온다. 고혈압, 중풍, 위장병 등 질환에 효험이 있다는 것까지 연구하고 있다. 좋은 땅에서 잘 자랐으면 기대한다.

생김새는 감처럼 생겼지만, 아주 작고 가을 수확기가 되면 구슬 크기의 열매가 황갈색으로 변한다, 열매는 특이하게도 나무 가득히 열린다. 조금은 생소한 감 열매이다. 지역에 따라서는 고염나무라고도 부르며 잎은 어긋나게 달리며 작은 가지에는 회색 털이 많다. 열매가 커가면서 털이 없어지는 게 특징이다.

고욤이 약용으로 쓰이며 군천자라고도 불리며 고욤나무는 비타민C와 타닌이 풍부하고 불면증 등 여러 질환에도 효능이 있다. 새들이 좋아하는 고욤은 따 먹고는 곳곳을 다니면서 번식시킨다. 고욤은 작지만, 씨가 많이 들어 있어 번식을 쉽게 할 수 있고 생명력도 강하다. 자연적인 곳에서 잘 자란다. 병충해도 강하여 쓰임이 요긴하다.

과육에 비해 씨가 많고 떫은맛이 강하여 옛날 시골에서는 고욤을 옹기에 넣어 숙성해 약용으로도 많이 먹었다. 요즘은 씨가 없는 품종으로 개발하여 식용으로도 먹는다. 특히 고욤 열매는 중국이나 터키, 중앙아시아 등에서 과일처럼 재배한다.

고욤이 겨울철 숲 속 동물들에게 좋은 먹이가 된다는

것에 신기하기만 하다. 새나 동물들이 열매를 통째로 먹고는 배설하게 되면 씨앗이 이들의 움직이는 발자취대로 번식한다. 우리나라에선 나무를 잘 타는 담비나 오소리들이 고욤나무에 달린 마른 고욤을 따 먹는다.

고욤나무는 껍질이 흰색이지만 내부는 검은색으로 가공하면 부드러운 광택이 있어 장식용 가구를 만드는데 인기 있는 목재가 된다. 근간에 와서는 벌채가 과도하다 보니 멸종의 위기에 몰리고 있다. 어렸을 때는 야산에 가면 쉽게 볼 수 있었던 고욤이 잘 보이지 않는 것에 아쉬움을 주기도 한다.

고욤에 이어진 속담에도 일리는 있다. "고욤이 감보다 달다." "까마귀가 고욤을 마다하랴?" 이런 속담에는 고욤이 감보다 진한 맛에 비유했으며, 크기가 작다는 것에 신비감을 준다.

고욤나무는 경기도 이남으로 산과 들에서 잘 자라며 여러 지역에서도 심는다. 식재료로 활용 시 보신용 재료로도 쓰인다. 환경 변화에 따라서 현재는 많이 보기가 어렵다. 매우 떫은맛을 지닌 것이 특징이다.

고욤 열매는 한겨울을 버틴다. 열었다가 녹고 메말라 쪼그라질 때까지 나무에 대롱거리며 매달려 있다. 그러다 새들의 먹이가 되어 숱한 생을 마감한다. 생명력이 강하다고 할까. 그 생명력을 이용하면서 살아가는 미물이 있다니 공생 공존하는 생인 것 같다.

 또한 고욤의 나무가 약으로 쓰이며 딸꾹질을 멈추게 한다. 그냥 땡감으로 알기에는 신비한 약용이 깊은 것에 고개 숙인다. 고혈압, 야뇨증에도 효능이 있으며 한국 본초도감에는 잎에서는 난치병을 고치는 나무라고 기록한다.

기후변화

 한반도의 날씨가 걷잡을 수 없다. 중부는 폭염에, 물벼락, 남부는 찜통더위, 세계의 변화는 이미 옆에 와 있다는 것을 실감한다. 항상 '구호만 있고 대안이 없다'는 글귀에 수긍이 갔다. 미국의 어느 국립공원에는 전에 없던 폭우로 홍수가 나고 산사태로 언덕이 무너지고, 교각이 유실되어 떠내려가고, 도로도 끊어지는 변화를 가져왔다.
 특히 북쪽으로는 복구하는 데만 수개월이 걸린다고 한다. 천년에 한 번 있을까 말까 한 재해라고 전문가들은 말한다. 이런 홍수 피해가 기후변화에 따른 것이라고 진단을 내린다. 반대로 다른 지역에서는 기록적인 폭염에 시달리고 있다. 최근에 캘리포니아 데스밸리라는 지역에서는 기온이 50도를 기록한다니 사람이 견딜 수 없는 폭염이다.

　지난날 큰아들이 미국 애리조나주 세도나에서 고등학교에 다녔다. 졸업식에 참석하기 위해 한국에 있는 미국인 가족과 열 명이 세도나에 간 적이 있다. 그런데 당시 45도의 기온으로 100년 만의 최고기온이라니 아찔하기도 했다. 가득 찬 호수가 마르고 집집의 잔디에 물 주기도 주 1회로 줄일 만큼 변수가 생겼다.

　유럽에서도 최악의 가뭄으로 이상 고온 현상이 일어난다는 것이다. 프랑스의 어느 지역은 1인당 200L만 물을 제한할 정도로 수돗물 공급이 어렵다고도 한다. 세계기상기구 대변인은 기후변화로 폭염이 더 일찍 시작되고 있으며 불행한 미래를 미리 맛보는 것으로 우리가 현재 겪는 일이라고 했다.

　기후변화는 점점 피해가 더 심해지고 있으며, 전 세계를 덮은 가뭄으로 식량난이 발생할 수 있다고 우려하고 있다. 모건스탠리 분석 연구는 '기후변화에 대한 두려움 때문에 아이를 갖지 않기로 하는 사람이 늘고 있다'는 것이다. 우리나라의 인구 감소에는 크나큰 재앙이 되는 실정이다. 진행된 기후변화는 이미 막을 수 없는 갈림길에 섰다.

　각 나라의 기업에서는 기후변화 대응 기술에 막대한

돈을 쏟아붓고 대기 중 이산화탄소 제거 기술과 탄소흡수 단백질을 인공지능을 통한 많은 연구를 진행하고 있다. 우리나라에서도 온실가스 배출량을 대폭 감축하고 미래에 가서는 탄소중립을 이룰 것이라고 한다. 매사에 취지는 공감하지만, 비현실적인 반응에 직면하고 있기도 하다. 구호만 있고 탄소 저감 기술에 지원이나 구체적인 목표나 종합적인 계획이 없어서는 안 될 일이다.

기후 위기 해결에는 함께 힘을 합쳐야 한다. 지난해에는 지구인에게 고한 대담이 있었다. 인도의 불교 지도자인 달라이 라마와 18세 청소년 기후 운동가인 그레타 툰베리의 '기후 피드백 루프'였다. 즉 시스템에서 처리 결과인 정밀도, 특성유지를 위한 입력, 처리, 출력, 입력 순으로 결과를 자동적 재투입 설정된 순환 회로라는 것이다.

다행히 직면한 가장 큰 기후 문제에 두 사람이 함께 해결책을 내어놓았다는 것이 인류에 크나큰 희망을 던져주었다. 운명공동체라는 의식, 즉 달라이 라마는 지구상의 사람들을 합쳐서 '우리'로 묶는 감정을 강조했다. 그레타 툰베리는 지구온난화로 기후와 생태계에 인간이 통제할 수 없고 결코 되돌릴 수 없는 연쇄반응이 일어날 위험을 호소한다. 기후의 위기는 몇몇 사람이나 단체들의 힘만으로는 해결이 가능할 수 없다는 결론이다. 지구인 모두가 힘을 합쳐야 비로소 해결의 실마리가 잡히며 우리의 미래 비전이 있다. 두 분의 기후변화 해결책이 미래의 밑받침이 되기를 바란다.

우리나라도 탄소 배출량이 작년에 비해 적잖게 증가했다. 주요 원인이라면 탈원전으로 원전 비율을 줄이는 과정에서 천연가스나 석탄 등 온실가스 배출이 많은 화석연료 사용이 늘어났다. 즉 인구 한 명당 배출한 온실가스 또한 예년에 비해 증가하면서 해마다 늘어가는 추세이다.

지난날 졸업논문으로 태양열에 대한 조사를 한 적이 있다. 우리나라의 앞으로 나아갈 〈태양열에너지 발전현황 및 활성화 방안에 관한 연구〉로 태양열 설치 지역을 방문하고 그 지역 분들을 만나서 조사한 기억들이 서서히 살아난다.

태양열 에너지는 탄소 배출량 줄이기의 해결 방안이지만, 태양열 이용한 냉난방시설은 아직 시설비용이 많이 들어 지원 없이는 설치가 쉽지 않다. 특정 지역인 학교나 병원, 실버 요양원 등으로 늘어가고 있다. 차츰 전원주택이나 산간벽지 주택으로 보급이 많이 되어 온수나 난방을 데우는데 부족한 전기 수급이 잘 됐으면 하는 바람이다.

 지난 몇 년은 태양광에너지를 선호하는 추세였다. 태양광은 빛 에너지를 직접 전기 에너지로 변환시키는 발전 방식이다. 산간 지역이나 작물 재배하는 농가의 노지에 많이 설치한다. 이로 인한 농가의 부가 소득 창출도 있었으나 산사태의 주원인으로 피해도 많이 주었다.

 모든 에너지의 생성 요인은 기후변화를 가져올 수 있는 원인이 되기도 한다. 매사는 장단점도 따른다는 순리이다. 결국 기후변화는 우리 인간이 만들어 낸 재앙이라는 생각이 든다.

깨치지 못한 것이 많다

 아는 것이 힘이라고 했다. 이순을 맞은 인생, 알고 보니 깨치지 못한 것이 많다. 어디를 가나 부족한 내 마음이 가슴을 꽉 쪼이게 한다. 갈수록 해야 할 일은 쌓이어 가는 데 마음이 따라주지 않는 가을이다.
 문학 기행이다. 문화답사다 하여 각 도의 지역을 나다니는 시기들이 많았다. 봄이 되면 줄을 타는 산딸기에서 춘향을 느꼈고 여름이 되면 푸른 줄무늬의 수박 속에서 붉은 마음을 느꼈다. 여름에는 그냥 지나치지 않는 초대형 태풍을 맞이하느라 가을은 오지 않을까 걱정도 했다. 그 시기만 되면 다시 풀잎은 억세지고 씨앗을 날리는 산바람에 속까지 허전함으로 풍전등화가 된다. 삭풍은 나무우듬지에 매달고 불어와 또 한해의 여운을 모은다. 사계절 널브러진 나무들의 기척 앞에 내 머리에 오므려진 것 별로 없으니 깨치지 못한 것이 내 살아가는 운명이다.

　나는 나무에 대해서도 아는 것이 항상 부족하기만 하다. 어릴 때 자란 생활 반경에서 서식하는 나무에 대해서만 보고 들었다. 다른 지역을 조금만 벗어나면 알 수 없는 나무 종류들이 즐비하다.

　꽃의 종류도 수를 헤아릴 수 없다. 그중에 꼭 개망초 꽃이 먼저 생각날까. 그것도 몇 번을 머릿속에 넣어주는 남편의 성화 때문이다. 개망초는 여름과 가을에 채취하여 말린다. 차로도 약재로도 쓰인다. 꽃 색상도 한 가지만 아니다. 흰색과 보라색을 본 적이 있다. 어찌하여 상급학교 과 선택에서 식물 생명공학 쪽으로 원서를 썼다. 종일 흰 가운을 입고 연구를 해야 한다는데 주눅이 들었다. 그게 아니라 식물의 종류를 암기하지 못해서 포기했는지도 모른다. 지금에야 내 아둔함이 참 잘한 것 같다.

　삶의 무상일까. 솟아나는 풀에서 연민을 느낀다. 신비로운 것이 눈에 비친다. 햇살에 사부작사부작 비집고 올라오는 모양이 시간을 다투는 것 같다. 일주일이 지나면 또 다른 세상으로 변해가는 식물들이다. 그것도 소수의 가짓수이다. 지구상에 없어지는 종만 해도 수만 가지가 된다는데 내가 아는 것이 몇 개나 될까.

　인진쑥이란 식물도 뇌리를 스친다. 아이가 없어 기다

리고 있는데 친정엄마가 인진쑥에다 대추를 넣고 진하게 달여와서 먹으라고 했다. 인진쑥이 여성의 몸을 데우고 수족냉증의 특효약이라고 한다. 엄마의 그리움 때문일까. 인진쑥에서 식물의 연민이 겹친다.

음악하고는 조금은 동떨어지는 집안에서 살았다. 그러면서 나는 일주일에 한 번씩 여고 합창단에 합창하러 간다. 귀만 기울이고 출석하고 있는지도 모른다. 평생 팝송 한 곡도 제대로 불러 본 적이 없다. 내 마음속에 간직한 음률이 없으니 듣는 것이라고는 고작해야 베토벤의 교향곡 한두 곡, 가곡 몇 곡에 불과하다. 항상 무지가 용감했다. 몰라도 여기까지 살아오는 데 지장은 없었던 것 같다. 그렇다고 새삼 지금에 와서 음악에 심취해 볼 기력은 없다. 왜냐하면 인생행로가 시험에 나오지 않으니까.

어릴 때는 여름만 되면 남녀 구별 없이 큰 냇가에 가서 멱을 감기도 했다. 냇가가 아주 넓어서 물장난하기에 안성맞춤이었다. 그런데도 수영하고는 거리가 멀었다. 아무리 해도 물에 뜨지 않는 몸뚱이가 아닌가. 네발짐승처럼 기는 수영 그것밖에는 어떤 형태라도 안 되는 수영 실력이다. 네댓 살 되었을 때 비가 많이 온 적이 있었다. 냇물은 흙탕물이 흘러내리고 논두렁이 무너져 내렸다.

나보다 아홉 살이 많은 큰 오빠하고 깊이가 십 미터는 족히 되는 논두렁을 건너가다 그만 언덕 아래로 굴러 빠져 버렸다. 그 당시 큰오빠가 중학교 2학년이었다. 그걸 보고 그대로 언덕에서 뛰어내려 동생을 구했다고 했다. 그때 트라우마가 있는지 물에 대한 무서움이 그대로 전율로 다가왔다. 깨치지 못한 수영 실력이지만 작년에 돌아가신 큰오빠의 그 용기가 눈에 아련하다. 집안일에 힘겨운 일이 있어 오빠의 마음을 다잡으면 '죽을 것을 살려 놓았더니…' 하면서 껄껄 웃으시는 모습이 그림자처럼 떠오른다.

기계치란 말도 있다. 두발 달린 기계는 잘 숙달이 되지 않는다. 아이들이 어릴 때는 일부러 운동장에 가서 자전거 타기를 배우게 했다. 내가 못 하는 것은 일찌감치 터득하게 했다. 남자아이들이라 그런지 엄마와는 달리 순식간에 숙달되게 잘 타는 것이 기계치는 아니었다. 다리가 짧아서 엉덩이를 들고서도 잘 타는 것이 신기했다. 나는 아직도 자전거 기계치다. 그런데 자동차 운전은 아주 능숙하게 곳곳을 잘 스미고 다닌다. 자동차와 자전거와는 무슨 원리인지 두발과 네발의 안전성 차이인지. 그것 또한 깨치지 못한 내 운명이다.

여태 살아오면서 깨치지 못한 것이 많다. 더는 채우려

고 애쓰지 않기로 했다. 이제는 습작하고 시상을 떠 올리기에 전심을 쏟고 싶다. 지금의 내 수중에는 작문의 씨앗과 시작의 습작들이 줄을 서서 긴 행보를 하고 있기 때문이다.

돌아온 핸드폰

 수업이 있는 날이다. 여느 때보다 조금 일찍 출발했다. 아침 시간이라 승강기가 올라오는 시간까지 고려하면 족히 20분의 여유를 두어야 한 가지 일을 해결한다. 재활용 음식쓰레기는 새벽 운동 나가는 남편의 담당이었는데 늦잠으로 시기를 놓쳤다. 어쩔 수 없이 좀 서두른 것이 화근이 되었다. 재활용 정리하는 곳이 아파트를 내려와 현관 광장을 지나 계단으로 내려간다. 핸드폰을 겨드랑이 후미에 끼고는 음식쓰레기 봉지를 정리하고 바쁜 걸음으로 계단을 올라왔다. 그새 무딘 감각으로 핸드폰이 빠지는 것을 몰랐다.

 종 달음질을 치며 지하철 전광판에 요금을 찍으려고 핸드폰을 찾으니 없지 않은가. 눈 깜짝할 사이 멍해진 느낌이다. 왔던 길로 뒤돌아 뛰어가는 내 모습을 누가 보기라도 했으면 마치 고삐 빠진 망아지 같았을 것이다. 얼마나 처량하게 보였을까. 저 여자 지갑 잃어버렸나 했을지도 모르지.

넋이 나간 모습으로 재활용 수거함에 가니 아무것도 보이질 않았다. 혹시 음식 쓰레기통에 빠졌을까. 뚜껑을 열고 꼼꼼히 보았지만 깜깜무소식이다. 아직은 음식물이 많이 차지 않아 감별은 어렵지 않았다. 잠깐의 순간에 온갖 망상이 젖는다. 정신을 차리고 연락부터 해 봐야겠다는 마음이 들었다. 내가 음식물을 버릴 때 젊은 안내원이 조금 도와주었던 기억을 더듬는다. 그렇다면 그 젊은 사람이! 먼저 안내 데스크에 가서 안내원의 정체부터 알아야 했다.

당황도 되고 정신이 없는 지경이다. 허겁지겁 숨을 몰아쉬면서 안내 데스크를 향해 뛰어갔다. 문을 들어서자 아까 본 젊은 남자분이 보였다. 순간적으로 그를 의심이라도 한 것 같아 괜한 생각으로 미안해지는 찰나이다. 헐레벌떡하는 나를 보더니, 핸드폰 찾으세요? 한다. 금방 재활용하는 곳에서 잃었는데 없어졌다고 하니 두 분이 웃으면서 그렇지 않아도 남편한테 전화를 걸려고 하던 참이라고 한다. 당황하며 전화를 했느냐고 하니 못 걸었다고 해서 안심이었다.

전화기는 계단에 떨어져 있었고 터치펜도 빠져나가 있더라고 아주 친절하게 건네준다. 순간 좋은 사람이 사는 좋은 아파트라는 징표가 뇌리를 스친다. 고마움도 잠깐 남편한테 전화했으면 정신을 어디에다 두고 다니느냐고 호통이 올 텐데 하는 자책감이 들었다. 고맙다는 인사만 겹이 되도록 하고 수업 시간이 늦다는 핑계로 그곳을 빠져나왔다.

육교를 뛰어오면서 그 와중에도 큰아이가 어렸을 때가 선명하게 떠오른다. 명절이 되어 백화점 쇼핑을 하러 갔다. 잠깐 물건 하나 고르다 아이가 없어졌다. 정말 하늘이 노랗다는 실감을 겪었다. 정신 나간 사람처럼 아이를 부르며 날뛰었다. 우르르 많은 사람이 몰려오며 저 사람 가방 날치기당했나 봐, 하면서 쳐다보기도 했다. 사무실에 방송하려고 하는데 어떤 아주머니가 아이를 업고 와서 이 아이를 찾느냐고 하지 않은가. 아이가 아직 말을 잘하지 못하니 아무래도 엄마를 잃은 아이 같아서 업고 왔다고 했다. 고마운 분 덕에 천운이 되었다. 그 자리에서 아이를 잡고 얼마나 구슬피 울었는지. 아이도 놀라서 울고 정말 명장면이 되었던 순간을 잠깐이나마 스치고 지나갔다. 설 명절이었지만, 여름 날씨처럼 쏟아지는 땀에 옷이 다 젖도록 범벅이 되었던 기억이다.

십 분의 짧은 시간이었지만 역사가 이루어지는 느낌이었다. 이미 내 몸에는 땀으로 눅눅해지고 하루의 아침이 많은 일로 펼쳐지고 지나갔다. 예전과는 달리 핸드폰의 부재가 일과에서 얼마나 큰 손실이 오는지는 손에서 떨어지는 순간부터 정해진다. 곧 불안해지는 상태가 되는 것이다. 핸드폰이 한 사람의 비서 역할을 똑똑히 한다고 해도 과언은 아니다.

 자주 거래가 이루어지는 금융 일 처리도 손바닥 안에서 움직이는 핸드폰 비서의 분담이다. 통장이 있기는 하지만 자금의 수요와 공급의 업무인 입·출금, 예금, 적금, 펀드, 청약, 보험, 주식 심지어 아파트 관리비, 전기세, 가스사용료 등등, 하루에도 여러 곳을 들려야 하는 스케줄 기록까지 핸드폰으로 처리를 대신하기 때문이다.

 편리한 세상이라지만 구세대의 기계치는 아직은 무리인 경우도 많다. 아날로그와 디지털이 공존되는 세기에 사는 지금의 세대는 살아가는데 순탄하지만은 않다. 편리한 것이 많을수록 예민한 전자기기에는 항상 긴장하면서 지켜보아야 하는 위험도 따른다. 명검도 잘 쓰면 힘이 되지만 잘 못 쓰면 해가 된다는 명언을 생각하며 손아귀의 전화기를 다시 한번 그러쥔다.

맛의 승부

 파를 다듬는다. 지난 일들이 주마등처럼 스친다. 10월에 결혼하여 2주가 지나 신행으로 다니러 갔다. 시골집이 다 그러려니 했지만, 허물어져 가는 집채에다 담벼락은 돌담이 으스러져 있었다. 외관을 꼭 내세울 것은 아니지만 마음이 착잡했다. 어떻게 살아가야 이 난국을 헤치고 살까. 시댁이 고리 원전 반경 안에 있어 일절 증·개축을 할 수 없는 곳이었다. 약 십 년쯤 지나, 지정이 완화되어 두 아들이 합심하여 지금의 집으로 증축했다. 아버님은 연이어 사업한다고 자식들한테 산더미 같은 빚만 남기고 그곳에서 4년을 사시다 여든넷이 되어 유명을 달리했다.
 그때 나는 세관에 다니면서 꿈은 팽대하였다. 사람 하나면 밥술은 떠밀리지 않을 것이라는 자신도 있었지만,

내 마음을 전부 쏠리게 한 것이 무엇이었을까. 그 사람은 부지런했고 매사에 자신이 만만했다고 할까. 위로 양자 간 형님까지 두 분, 누님 두 분, 여동생 둘, 얼마나 치이면서 강인한 정신력을 가질 수 있는 환경에서 자랐을까. 부모님이 유일하게 의지하는 막내아들이었다. 그리고 내가 살아가야 하는 전부였다. 자수성가의 밑거름이었다.

 허물어져 가는 집 뒷방이 내 신혼의 첫 안식처였다. 비가 오니 물도 새었다. 이틀을 지내고 살림이라고 내어놓는 우리 어머님, 일본에서 가져왔다는 유약 바른 반찬독 하나, 그것도 둘레 귀퉁이가 날려가서 보기가 조금 안쓰러웠다. 그 안에는 어머님의 솜씨인 아직도 그 맛을 잊을 수 없는 파김치가 가득하였다. 신혼살림 이삿짐이 그 파김치에 쌀 스무 되, 참기름 한 병, 고춧가루 세 근, 마늘 한 접 등 그것이 전부였다. 그 외는 어떤 도움도 받을 수 없었고 요구할 수도 없었다. 나는 근검절약해야 했다.

 밤낮없이 돌로 가득한 남새 밭고랑이랑 살다 생을 마감한 여인, 손끝이 닳고, 호미가 닳도록 일구어 자식들 굶기지 않으려고 애쓰신 여인, 도회지로 유학 보내는 시절, 아들만 공부시키겠다는 그 시대의 여인, 딸들이 친정 오면 한 소리씩 한다. 시절 따라 늦게 태어난 동생은 도회지 유학생이 되었지만, 누님들의 생은 오직 동생들의 뒤치다꺼리였다.

당시 유행했던 드라마 〈아들과 딸〉이 있다. 딸들은 네 개의 다리가 달린 텔레비전 화면을 유심히 보면서 엄마도 저랬다고 한다. 최수종이 아들 귀남 역으로 김희애가 딸 후남 역으로 남아선호 사상이 뿌리 깊었던 시절, 배우 정혜선의 어머니 역과 백일섭의 아버지 역이 너무나 그 상황을 실감 나게 했다. 아들과 딸의 사회적 가치관과 대립하면서 겪는 갈등을 다룬 드라마이다. 딸들의 한탄이고 서러움이었다.

그 아들은 벌써 칠순을 바라보고 아내의 밥술에 익숙해질 때도 한참을 지났건만, 그때의 파김치 맛은 잊을 수가 없나 보다. 더운 여름이 지나고 조석으로 찬바람이 스치면 온 들판에는 파릇파릇 파들의 행렬이 경이롭다. 판로가 좋은 마을에 차량으로 파들을 실어낸다. 새내기 농장을 하지만 파 작물은 아무나 하는 것은 아닌 듯, 남들이 푸르다고 다 푸른 작황은 아니었다.

불현듯 옛날의 파김치 맛을 끄집어낸다. 지나다 초등학교 친구의 일렬종대 파밭을 보고 그냥 지나치지 않는다. 파 한 단에 칠천 원, 조금 더 얹어 만 원을 주고 샀다.

어머님의 맛을 내어 보려는 것이다. 사십여 년을 살았는데 그 맛을 전수 못 했는지 똑같은 양념을 쓰고 정성을 들였지만, 아닌가 보다. 나 또한 그 맛을 잊지는 못한다.

 농막에서 감미로운 가을날의 음악을 들으면서 파 한 단을 까고 다듬는다. 구월의 파는 밑둥치가 시월 파에 비해서는 통통하지 않다. 둥치가 하얗게 속살을 드러내며 파릇파릇 잎이 먹음직스러운 김치를 연상한다. 일을 퍼지르는 성미인지 큰 소쿠리, 작은 소쿠리, 큰 다라이를 가지고 농장 아래 냇가로 내려간다. 한 모퉁이에는 얼마 전 큰비로 물이 둑의 반이나 차올라 무너지고 흘러간 돌을 쌓는 공사를 하느라 군청 종사자들이 비지땀을 흘리고 있다.

 그 많던 물이 흘러 더 넓은 곳으로 갔는지 냇가 바닥은 할퀴고 닳아져서 허연 허벅지를 내놓고 있다. 물은 맑게 흘러내린다. 한 모금 마시고 싶도록 푸른 하늘같이 정갈하다. 떠내려가지 않게 큰 소쿠리에 파를 담고 하나씩 씻는다. 새삼 살아온 지난날들의 추억들이 사판처럼 새겨진다.

 이번에는 꼭 전수한 것을 제대로 해야겠다고 다짐해 본다. 일을 마치고 가다 횟집에 들러 살아있는 오징어 몇 마리를 샀다. 싱싱한 오징어를 넣어야 오돌오돌 씹히는 감각이 살아날 것이다. 지난날 세관 후생 계에서 음식에 대해 연구한다고 서양요리, 동양 요리책을 독파하면서 눈물 흘린 기억이 새롭다.

3개월의 짧은 기간이었지만, 그 덕분에 결혼하여 요리하는 것은 어떤 재료를 가져다주어도 할 수 있었다. 품위 있고 격식에 맞는 요리는 아닐지라도 간장, 된장, 고추장까지 직접 담가 맛을 내고 있다. 밤늦게까지 만든 전수 파김치를 꺼내어 맛을 본다. 가까이는 왔는데 뭔가 조금 미비한 것이 있다는 여인의 아들, 과연 우리 어머님의 파김치 맛은 대를 물리지는 못할 것인가.

아직은 기회가 있을 터, 어머님이 직접 파를 기르는 풍성한 마음과 손수 담근 멸치젓갈 맛을 어찌 따라갈까. 매주 다니는 새내기 농장의 작물들 하나하나 분석하여 맛을 내는 것에 '정신일도 하사불성'이라고 한곳에 집중하다 보면 이루리라. 세월의 고마움에 순응하면서 다음 해는 파 농사를 시도해 풍성한 마음마저 곁들어 볼까.

벌의 생태

 겨울은 벌들도 휴면기를 맞는다. 추워지면 견디기 힘들어 땅바닥에 떨어져 있는 것을 볼 수 있다. 엄동설한 이기고 잘 견뎠다는 벌들이 햇볕을 찾아 들판으로 날아다니는 것이 보인다. 여리기만 한 흰나비와 노랑나비도 훨훨 자유의 몸짓으로 날갯짓한다.
 벌똥은 어떻게 생겼을까. 봄씨앗을 넣고 풀뿌리를 캐며 부산을 떠는 농가의 하루는 짧기만 하다. 해가 뉘엿뉘엿 넘어갈 즈음 기온이 떨어지면서 차가운 날씨가 귀가 시간을 재촉한다.
 양지바른 곳 주차한 차량의 앞 유리에 누런 자국으로 길게 짧게 벌이 똥을 지려 놓았다. 벌똥은 집을 만들기 위해 분비하는 누런빛으로서 상온에 닿으면 단단하게 굳는 성질을 갖는다. 방수제나 광택제로도 쓰이며 절연

제로도 쓰인다고 한다. 꿀에 못지않게 유용한 물질인가 보다. 아마 벌들은 따뜻하게 비춰주는 유리를 그들의 볼일 보는 장소로 착각이나 한 듯, 유리 전면이 벌 똥으로 미어져 있다. 저걸 어떻게 지워야 하나. 물로 씻어도 잘 지워지지 않는다.

따뜻한 기운이 다가오니 양봉하는 이웃이 있어 벌들의 군락지가 되고 있다. 우리 농장에는 벌들이 서식 못하는 이유가 있다. 벌들은 푸름이 있고 꽃이 피는 식물이 있는 곳으로 몰려든다. 꽃을 찾아 꿀을 뽑아서 할 일을 마무리한다. 그러나 농장주의 부지런함 때문인지 잡초일망정 풀 한 포기 보이지 않게 말끔하기 때문이다. 갈 곳 없어 헤매다 차량 유리에 빛 따라서 노략질하는 것이 벌들의 일과이다.

계절은 꽃과 벌의 조화로 이루어진다. 자연 속에서 새소리 바람 소리 들으며 힐링하는 것으로 좋은 결이 되고도 있지만, 벌은 순하게만 볼 수 있는 곤충은 아니다. 작고 앙증스러운 종류도 있지만 만만하게 보아서는 안 된다. 차량이나 옷가지며 몸까지 노란 벌 똥의 세례를 받고는 스트레스가 되는 경우도 더러 보인다. 벌 똥이란 것이 하늘에서 떨어지는 노란 똥의 테러라는 깃을 직시한다.

양봉장의 꿀벌을 유심히 지켜보면 꽃 속에 꿀을 채취하는 광경은 신비하다. 때에 따라서 독침이 있는 말벌을 만나면 위험하여 목숨까지 잃는 예도 있다. 말벌에 쏘이면 얼른 침을 제거하고 비누로 씻은 다음 얼음찜질을 해야 한다. 금방 부어오르는 부위에 통증을 쉽게 가라앉히는 방법이다.

벌 똥으로 피해를 주는 예도 있지만, 벌들이 꿀을 채취할 때 묻혀오는 꽃가루 화분에는 다양한 영양분이 많다. 양봉하는 분이 꽃가루 화분 한 병을 선물로 주었다. 어떻게 먹는지를 알지 못했다. 노란 꽃가루가 약간 달짝지근하며 쉽게 먹히지는 않았다. 꽃가루 화분에는 인체에 필요한 많은 영양소가 있다. 아미노산, 칼슘과 미네랄이 풍부하고 허약체질과 노화 예방 등의 효능도 가진다. 냉장고에 잠자고 있는 노란 꽃가루 화분을 내어서 본다. 소중함을 몰랐다. 잘 챙겨 먹는 날들을 만들어야겠다.

벌 똥이 뜸하게 보이는 것은 벌들이 수난을 겪고 있다는 것이다. 올봄 꿀벌이 사라지는 현상이 발생하여 전국에서 약 70억 마리 이상의 벌이 사라졌다고 했다. 양봉 농민들은 월동 중인 벌을 깨워 먹이를 주며 본격적인 양봉 준비를 한다. 봄 벌 깨우게 하는 과정에서 벌이 사라진 것을 확인했다. 이는 꿀벌 대량 실종 현상이다. 날씨에 속고 기생충에 우는 이상기후나 응애 발생이 복합적인 현상으로 보고 있다. 응애는 꿀벌에 기생하면서 체액과 조직을 먹고 자라는 해충이다. 이들은 꿀벌 성장을 방해하며 벌들이 사라지는 원인 제공을 하였다.

특히 꿀벌은 날씨의 영향을 많이 받는 곤충이다. 변덕스러운 날씨 영향도 컸다. 추운 날씨에 월동해야 하는데 기온이 높아지면, 꿀벌들은 외부 채집 활동하면서 체력 소진으로 면역력이 떨어진다. 체력 약화로 돌아오지 못하는 벌들이 폐사하는 경우가 많다. 협회에 등록하지 않은 양봉 농가가 많아 더욱더 피해 농가가 늘지 않을까 걱정이다. 변덕스러운 계절이 꿀벌들을 미궁에 빠뜨리고 있다.

아인슈타인의 꿀벌 설에는 꿀벌이 사라지면 인간은 고작 4년 더 생존할 수 있다고 한다. 이것은 지구상에서 꿀벌이 사라지면 식물이 없고, 동물이 없고, 인간이 없다는 설이다. 꿀벌은 식물의 수분을 돕는 꽃가루를 암술에 전달하는 역할을 한다. 또한 농작물의 70% 이상이 꿀벌로 인한 열매를 맺을 수 있다는 것이다. 그만큼 꿀벌이 인간 생존의 필수적이고 생명 유지, 연장을 제공하고 경제적 가치를 주는 곤충으로 멸종하게 되면 인간도 생존하기 어렵다는 의미이다.

벌은 과연 인간들에게 꼭 있어야 하는 미물인가. 해가 되는 것보다 이로운 미덕을 훨씬 더 많이 가지는 벌이 사람들과 동반자가 될 것인가에 연구진들은 이미 긍정적인 답을 내놓았다.

벌이 인간들에게 많은 것을 가르쳐 주기도 한다. 강인함, 부지런함 등등 티끌 모아 태산이란 말을 실감 나게도 한다. 조그마한 몸으로 꿀을 따 와서 축척을 한 것을 인간들은 벌꿀이라고 너무나 유용한 생약으로 먹고 있기 때문이다. 사람들에게 협동심을 기를 수 있고 사회를 이끌어갈 지혜를 주는 본보기가 벌의 생태적 본질이 아닐까.

복덩이라 부르리

 호박 넝쿨이 복덩이가 될 줄이야. 해마다 심은 호박이 아기 호박일 때 몇 개 따고 나면 누렁 덩이는 구경 못 했다. 왜 호박이 달리지 않을까. 불만이었다. 새끼손톱만 한 씨앗에서 싹이 터서 메줏덩어리 아니 커다란 양재기만 한 호박이 주렁주렁 땅바닥에 뒹굴고 있다. 황금색 복이 굴러들어 온 복덩이 같다.

 여름만 되면 밭고랑에 쏟아지는 잡초들이 버거워 육십여 개의 호박 구덩이를 파고서 심은 것이 무릇 호박이 백삼십 덩이로 밭 전체가 누렇게 익은 볏단이 깔린 듯하다. 잎이 무성할 때는 푸른 호박을 따다가 돌 담치를 넣고 볶아먹기에 바빴다. 잎 속에서 많은 꽃이 피고 열매가 맺히고 있다는 것을 몰랐다. 벌 나비들도 얼마나 바쁘게 드나들었을까. 수확량의 결과는 농부가 쏟은 정성에 비례한다고 하는데, 가꾸는 사람의 발길이 얼마만큼 빈번했느냐에 달렸다고 하지 않은가. 주말농장이라 주일에 한 번씩 가서 정성을 줄 수밖에 없었는데도 참 기특하기도 하다.

  호박은 여러모로 유용한 작물이다. 우선 많은 잡초를 막아주어 금상첨화인가 싶다.

  햇빛만 보면 뻗어가는 줄기를 주광성이라 한다. 자라는 속도가 빨라 줄기마다 호박이 옹골차게 여문다. 여릴 때는 볶아먹고 된장찌개에 넣어도 그만이다. 또한 호박꽃은 뭉뚝하면서도 정이 간다. 잎에는 무기질이나 비타민이 많고 항암 작용에도 효과 있으며, 몸속의 산화물질을 제거해 준다. 버릴 것이 없는 약방의 감초 같다. 잘 익은 호박은 긁어서 호박전으로도 일색이다. 누렁 덩이로 도라지, 대추, 생강 또는 미꾸라지를 넣고 중탕하면 몸속의 중금속이 줄어들어 부기가 빠지기도 한다. 산모들이 많이 이용하는 복덩이이다.

  없을 때는 몰랐던 일이다. 수확 철이 되니 저걸 어찌 처리하나 고민이 되기 시작한다. 호박 한 덩이를 사서와 속을 파내고 긁으니 너무나 속이 차고 색상마저 해맑았다. 무겁기도 했다. 주말 농사꾼의 심성은 수확이 덜 좋은 것은 주로 본인들이 먹는다. 지인들에게 나눠줄 때는 좋은 것을 주어야 한다는 것이 뇌리에 박혀 있다. 그러니 속이 꽉 찬 호박을 보니 황금알을 보듯 흐뭇했다. 누구를 건네주든지 안심이다.

올해는 호박이 많이 달릴 것이라는 예감이 있었던지 작년에 서둘러 구매한 1톤 트럭이 큰 역할을 할 줄이야. 한가득 실었다. 승용차로는 가당치 않을 무게를 어찌 감당할까. 무언가 수확물이 있는 날은 번거로웠는데 오늘도 포터가 안성맞춤이었다.

호박 처치에 궁리하다 가까이 사는 작은 시누님께 연락하여 판로가 되는지를 알아본다. 파는 것에 익숙지 못한 나는 난감하였다. 시누님은 장안사 가는 길에 수만댁이 호박을 팔고 있으니 거기 알아보기를 권한다. 크기가 천차만별인 호박의 가격은 어찌 매기는지, 어찌 거래하는지. 그렇다고 차에 싣고서 팔러 다닐 수도 없다. 때로는 많은 것이 적음만도 못하다.

남편의 단안이다. 큰 호박 몇 덩이만 농막에 넣고 모두 포터에 싣는다. 오늘은 호박들을 시집보낼 참이다. 호박을 한가득 싣고 보니 호탕한 마음이다. 농막을 지나 갈림길에 오르니 예고도 없이 언제 벌써 가을이 왔는지 벼 이삭들이 고개를 들고 흔들어 대고 있지 않은가. 우리 마음만큼이나 호탕한 기분일까. 며칠 있으면 친정아

버지 기제 날이다. 정관 친정집에 들러 스무 덩이쯤 내렸다. 형제들 한 집에 댓 덩이씩, 파는 것도 아닌데 꼭 한 덩이씩 덤으로 주면서도 신이 난다. 그리고 도시로 와서 아는 집안이나 지인들에게 나누어 주다 보니 호박은 반이 줄어들었다.

해는 뉘엿뉘엿 넘어가고 오늘은 여름내 농사지은 호박 나누기에 행복했다. "행인이 이 호박 파는 거예요?" 한다. 한마디로 팔지 않는다고 해 버렸다. 나는 내심으로는 좀 헐값으로라도 팔아버렸으면 좋을 듯했지만, 트럭에 앉아 장사하는 내 모습이 될까 봐 좀 주춤은 했다. 늦은 식사 하면서 고생한 보람이 이런 것인가 한 잔씩 곁들었다.

다음 주에는 언양 집에 들러 네 가구에 삼십 덩이를 희사하기로 한다. 회복기 암 환자들에게는 호박이 특효이니 회복기에 있는 두 집은 열 덩이씩 나누고 두 집은 다섯 덩이씩 나누니 아랫집 사모님은 감사하다며 칠순이 넘어 버릴 것은 버리고 나눠야 한다는 것을 절실히 느꼈다고 한다. 보답으로 오랜 발간지로 에지중지하던 이중섭 책자를 선뜻 한 권 내어주기도 했다.

호박 농사에서 큰 것을 얻은 듯하다. 농자천하지대본 農者天下之大本이라 농업을 장려하는 말로써, 도시인들은 농사가 뭔지 몰라도 농작물이 풍부하여 이런 글귀를 알 필요성도 없다. 먹거리는 농사를 통해 조달된다. 모든 생명체는 먹을 것이 최우선으로 중요시된다. 하물며 식품 원료는 공업적으로 만들어 낼 수 없는 이치이기 때문이다.

 살면서 건강 침해를 입는 유전자 조작의 농산물 수입에 의존하여 농업이 죽어간다면, 피해 갈 방도가 없어 손을 놓을 수밖에 없다. 직접 농사를 지어 눈으로 확인하여 내놓을 수 있다는 것도 축복이려니. 씨를 뿌려 자라나는 작물이 어느새 공간을 채워 줄일 수도 없는 농장이지만, 백삼십 덩이가 가내 행복을 가져다준다. 주렁주렁 달려주는 것만 해도 고마워 먹기도 아까운 복덩이로 이름 지었다.

수명이 다하다

 사람도 생기발랄하게 살고 있을 때는 수명에 대해서는 의구심을 가지지 않는다. 그냥 하고 싶은 대로 살다가 어느 계기가 되면 몸이 하나씩 고장 나기 시작한다. 요즘에는 골골 팔십이면 백 세라 칭한다. 아프면 고쳐가면서 명을 이어가는 추세이다. 그러다 어느 순간 기력이 다하면 영영 일어나지 못하는 수명의 마지막 기로인 것을 안다.
 안식처인 언양 통나무집에 드나든 지가 언 20년, 벌써 냉장고의 연륜도 십오 년은 족히 될 듯하다. 지펠이 처음 출시할 즘에 샀다. 고맙게도 한 번 아프지도 않고 잘 돌아가고 있었다. 그러다 올해 들어 시름시름 아픈지 잦은 소음이 나고 냉장 온도가 올라가 냉기가 약해지고 미심스러워졌다.

서비스 신청으로 기사 두 분이 와서 큼직한 부품 하나를 교체하였다. 얼마를 지난 후 느닷없이 냉장실 온도가 19도로 변해 버렸다. 미세하여 유심히 보지 못한 동안 반찬들이 쉽사리 변질이 되었다. 버릴 것은 버리고 정돈하고 다시 서비스를 신청한다. 냉장고가 필수품이라는 것을 절실히 깨닫는 순간이다,

 냉장고 있는 곳이 조금은 산간 지역이라 서비스를 쉽게 접하기가 난감하다. 살고 있지 않고 자주 들르지 못해 늦어지는 서비스가 더욱 병을 늘어지게 한 것 같다. 서비스 신청하여 들렀을 때 기사가 왔다. 냉장고를 깔끔하게 사용하여 겉은 멀쩡한데 속이 편치 않은 상태라고 한다. 모든 전자제품은 시기가 되면 부품이 없어진다는 것이다.

 냉장고의 수명은 다 되었고 맞는 부품도 없고 하여 임시방편으로 부품을 고정해 놓겠다고 한다. 냉기는 조금 올라오는데 알 수 없는 소음이 집안을 싸돌고 있다. 다음번에는 교체해야 한다고 언질을 주었다. 꼭 사람이 유명을 달리하기 위한 준비인 것 같다. 사람이나 물건은 공생 공존의 원리인가. 800L가 넘는 냉장고 가격도 만만치 않은 제품이라 난감해진다.

 기거하는 곳이 아니어서 불안하기 짝이 없다. 쇠뿔도

단김에 뽑는다는데 남편한테 전화하니 일백만 원 지원하겠다고 한다. 이참에 대리점에 전화했다. 냉장고도 유행이 있어 다양한 모양으로 양쪽 도어가 있고, 4단 도어, 자동 도어도 있었다. 색상도 가지가지다. 값도 만만찮다. 마음에 드는 색상도 고르고 회사에서 지원해 주는 성향으로 계약하고 연휴를 맞을 때 바꿔 놓기로 하였다. 20년을 보낸 연륜에 살림살이도 낡아 가는지 여러 가지 교체를 한 것 같다. 가스레인지는 전기 인덕션으로, 화력이 적은 벽난로는 신형 벽난로로, 텔레비전도 서너 번을 교체했다. 잡다한 전기제품을 바꾸고 나니 다시 새살림이 들어온 느낌이다. 인간도, 물상도, 미물까지도 제각기 다 수명이 있다.

  냉장고를 구매하러 단골로 가는 마트에서다. 담당 팀장과 제품을 고르고 계약서를 쓴다. 내 이름을 보고는 어디서 많이 본 듯한 이름이라고 한다. 글을 쓰는 일을 한다고 하니, 혹시 《그날부터》 저자가 아니냐고 묻는다. 너무나 황당하다. 그 책은 나의 2집 수필집이라고 하니 깜짝 놀란다. 날마다 힘든 일에 매달려 마음의 양식을 찾고 있는데 아시는 분이 이 책을 사보라고 권해 매우 감명 있게 읽었다고 한다. 편안하게 마음의 양식이 되었다고 했다. 그런데 책의 저자가 자기 앞에 앉아 있다는 것은 상상도 못 할 일이라고 속이 떨려서 계단을 못 내려가겠다고 하는 독자를 만난 것이다. 나도 황당해서 이럴 수가 있는지 어안이 벙벙했다.

금세 사모님에서 선생님으로 칭호가 바뀐다. 이런 것이 글을 쓰고 책을 내는 보람이구나 싶었다. 다시 올 때는 꼭 사인을 받아야겠다고 한다. 며칠 있다 들르기로 했다. 나는 제품 만족도 조사에서 여지없이 제일 좋았다고 명시를 해 주었다. 서로가 도움이 되는 일을 한 것 같아 흐뭇했다.

감개무량한 분을 만나서 수필 3집을 한 권 주겠다고 하니 한사코 사서 보겠다고 한다. 책을 자주 산다고 하면서 본인이 직접 사서 보아야 더 감명이 온다고 만류한다. 이렇게 숨어 있는 독자가 있다는 것에 감동했다. 내 책이 좋은 글이라서가 아니라 한 사람이라도 마음의 안정을 줄 수 있었다는 것에 가히 따뜻한 정서가 스며있었다고 여겨진다. 소개한 분은 또 어느 분일까. 그냥 아는 분이라고만 한다. 글을 쓰다 보면 가끔 내가 왜 이 글을 쓸까, 누가 봐주기라도 할까 하는 생각에 거두고 싶을 때도 있다. 여하튼 글쓰기를 놓을 수가 없다는 것에 스스로 마음을 굳히어 본다.

그 팀장은 일을 야무지게 설명하고 열정 있게 영업하

며 묵직한 체격에 따뜻해 보였다. 문인들의 세계가 아니라 작가들의 뜻을 이해해 주는 독자들도 있다는 것에 하루는 저물어도 경이로운 경험에 감사하였다. 몇 번이고 그가 고개를 숙이는데 되레 내 몸이 낮추어진다.

  수명이 다해가는 냉장고 하나 사고 인생의 보람까지 곁들인 것 같다. 냉장고 위 칸은 쑥색으로, 아래 칸은 상아색으로 럭셔리한 느낌의 맞춤형을 골라서 제2의 안식처인 그곳에 갈 때마다 두고두고 세월의 정감을 느껴볼 것이다. 꽉 찬 식자재와 음식들 또한 알뜰살뜰 보듬고 다듬을 것이다.

수측다욕 壽則多辱

 우리 인간은 오래 살고 싶은 욕망은 누구나 가지며 바람이다. 요즈음 우리나라의 수명도 계속 늘어난다. 여자가 남자보다 평균적으로 조금 더 오래 산다는 통계도 나오고 있다. 평균의 수명이 100세를 바라보는 날도 그리 멀지 않을 듯하다.

 오래 살면 욕이 된다. 오래 살수록 망신스러운 일을 많이 겪게 된다는 것이다. 전국시대 우화에는 요堯 임금이 순행하게 되었다. 요임금은 성천자聖天子라 불리었다. 변경에 이르자 그곳 관원이 공손히 맞으며 '장수하시옵소서' 하였다. 임금은 나는 장수하기를 원치 않다고 하고, 그럼 '부자가 되시옵소서' 하니 부자가 되고 싶은 생각이 없다고 하였다. 그러시면 '다남多男 하시옵소서' 그것도 원하지 않는다고 하였다.

오래 살면 욕된 일이 많아지고壽則多辱, 부자가 되면 쓸데없는 일이 많아져 번거롭다고 하고, 다남多男하면 못난 아들도 있어 걱정의 씨앗이 된다고 하였다. 관원은 실망하면서 요임금은 성인이라 정평이 있었는데 이것으로 군자에 불과하다고 하였다. 관원은 아들이 많으면 각기 적성에 맞는 일을 맡기면 걱정이 없고, 재물이 늘면 느는 만큼 나누어주면 될 텐데 진정한 성인의 말을 남기고는 그 자리를 떠난다. 혀를 찔린 요임금은 좀 더 많은 이야기를 들어보려 했으나 사라지고 없었다는 전설상의 유가적인 우화이다.

옛날에는 수명이 짧은 편이라 60세 환갑을 중히 여겼다. 우리 부모님의 세대에는 환갑잔치를 거대하게 해 드린 것으로 기억한다. 다음 세대는 지난날의 두 배로 오래 살지 않을까.

오래 산다는 것이 꼭 좋은 것만은 아닐 것이다. 인간은 태어나서 활동 범위가 있다. 육신이 멀쩡하게 움직일 수 있을 때까지만 사는 것이 수명의 의미가 될 것이다. 아직은 우리나라에서는 안락사의 허락이 되지 않고 있다. 요양병원을 들르면 산소호흡기를 걸고 음식을 목에 구멍을 뚫고 하여 생명을 부지하시는 어른들을 쉽게 볼 수 있었다. 산들 무슨 새로운 생의 묘미를 느낄 수 있을

지 서로가 아픈 마음뿐이었다.

오래 살아 좋은 일도 있지만, 건강하게만 살아진다면 어느 누가 마다할까. 대개가 그렇지 못한 경우를 많이 겪고 자식들한테도 온갖 정을 다 떼고 가시는 분이 많다는 것이다. 그만큼 망신이 되는 일을 많이 겪게 된다.

젊은 세대들과의 갈등이 더 심화할 우려도 적지 않을 것이다. 곳곳에서 노인과 젊은이들의 갈등이 늘고 있다. 미래를 더 감지할 수 없는 상황이 오고 있기 때문이다. 편리하고 편한 세대를 살고 있다고 하지만, 갈수록 어려워지는 현세대들의 고충이 되고 있기 때문이다.

꼭 장수하는 것만이 아름다운 것이 아니라 주위 환경에 맞게 어떻게 살아서 현명한 삶이 되느냐가 더 중요할 것이다. 적당한 운동으로 즐기며 남에게 피해 주지 않는 삶이 되는 것이 오래 살아가는 비결이 된다. 마음의 욕심을 버리는 것 또한 삶을 윤택하게 하는 지름길이 아닐까를 생각해 본다.

가끔 어르신을 만나면 내가 너무 오래 살아서 보지 말아야 할 것을 자주 본다고 하는 분이 계신다. 오래 살아서 꼭 좋은 것만은 아닌 듯도 하다. 수측다욕壽則多辱이란 명언이 주는 교훈이다. 오래 살아 못 볼 것 많아 욕된 일이 된다는 것이다.

 그렇다면 가장 가까이 느끼며 사는 나의 삶은 어떻게 전개되고 있는지가 더 숙제가 되고 있다. 우리 남편은 자기가 오래 살아야 한다는 것보다 어떻게 건강하게 살아서 배우자를 욕되지 않게 사느냐가 중요하다고 누누이 되뇐다. 이른 아침 일어나 온천천 걷기 운동으로 하루를 맞는다. 정년을 맞은 세대라 공기 좋은 농가를 찾아 열심히 심신을 갈고닦으면서 사는 모습이 존경스럽다. 구색 맞게 가져오는 채식 재료로 구미에 맞는 음식을 차리는 것이 나의 의무이자 일과 중의 책임이 되고 있다. 미움이 밀려올 때도 없지는 않다.

 하루가 멀다고 기억력이 하나씩 줄어드는 것을 느낀다. 아무리 총명한 지난날을 기억해 내려고 가다듬어 본들 세월에 장사 없다는 것 살아가면서 실감한다. 내가 그렇다고 하면 주위 분들 또한 이구동성으로 같은 맥락이라 한다. 인간 삶의 한계가 있음을 말해주고 있다. 욕되지 않게 오래 사는 방법을 나만의 규칙으로 살아갈지어다.

 우리는 장수하는 길만이 우선이 아니라 어떻게 잘 늙어가느냐, 어떻게 잘 보듬어 가느냐가 중요한 시대의 세대를 만드는 것인지 갈등해 보아야 할 것 같다. 내가 맡은 일의 일과에 충실하고 부정의 생각보다 긍정의 마음가짐이 장수하는 길의 비결이라고 눈으로 가늠해 본다.

수필 쓴다는 것

　우리는 어떻게 살 것인가? 어느 시인은 「나는 배웠다」는 시에서 삶이란 무엇을 손에 쥐고 있느냐가 아니라 누가 곁에 있는가에 달려 있음이 중요하다고 했다. 무슨 사건이 일어나는가에 달린 것이 아니라 사건을 어떻게 대처하는가가 중요하다. 그것은 인간이 살아가는 데 어떻게 살 것인가를 진솔한 해답을 얻어내고 싶은 것이다.
　나 또한 수필처럼 살아보려고 한다. 좀 더 격이 달라지는 관대한 분위기를 만들고, 경솔하지 않으며, 깊은 눈으로써 보는 것을 거르고, 진실한 바탕에서 좀 더 부드럽고, 은은하며 내면의 감동이 있는 수필 같은 삶을 갈망하고 있는지 모른다. 한 편의 수필을 쓴다는 것은 내일을 여는 오늘의 과제이기도 하다.

체험을 떠나서는 살 수 없는 것이 인간이다. 일상생활에서 얻는 직간접적인 느낌이나 사색으로 몸소 겪을 수 있는 것이 경험과 체험이다. 쉽사리 일어나지 않는 감동의 체험이 기억의 실마리를 엮으면서 원고지 위에 펼쳐진다. 창작인은 곰삭은 정신 내면을 충분한 여과 과정을 거치면서 작품이라는 양식의 체험을 표현한다. 보고 느끼는 것들이 감정 정리와 함께 문장으로 연결될 때 문학이라는 통일된 한 편의 글이 완성된다.

체험이 풍부하다고 해서 좋은 작품이 되는 것은 아니다. 체험을 그대로 옮겨 쓰는 것이 수필이 되는 것은 더욱 아니다. 저자의 성격이나 통찰력이 조화되지 않으면 좋은 수필이 나오지 않는다. 작은 체험일지라도 무르익는 구상 능력을 어떻게 표현하느냐에 따라서 글의 우수성이 나타난다. 수필에서 조화를 갖춘다면 감각이 있는 구수한 유머라든가 주위를 즐겁게 하는 분위기가 만들어지면 금상첨화가 아닐까. 어려움이나 고난이 닥칠지라도 수필 닮은 모습으로 담담하게 대처한다면 한층 더 부드럽고 푸근해지면서 품격이 나타나리라 믿어진다.

누구나 수필을 쓰기 위한 다양한 체험이나 경험을 접하게 된다. 사물을 지나거나 예사롭게 보지 않는 자세부터 진실성이 묻어나야 한다. 이는 폭넓게 살피는 오감을 통하는 예민성이 있어야 하겠다. 수필을 쓸 때는 신선한 정서라든지 진솔한 문장들이 찾아질 때는 그 매력에서 벗어나기가 쉽지는 않다.

가끔 찾아다니는 답사의 체험이야말로 수필을 꽃피울 씨앗이 되는 좋은 소재거리가 된다. 혹 원고 청탁이 오기라도 하면 쫓아다니며 얻은 답사의 경험을 순식간에 써 내려갈 수 있는 내밀한 양식이 되기도 한다. 굳이 체험이 아닐지라도 우연히 친구나 지인의 대화라든가 나만의 사색에서도 수필의 착상을 떠올리게 되는 예도 있다. 얼른 내 품으로 끌어들여 내 안의 것으로 삼켜야 한다. 쉽지 않은 귀감으로 품어야 한다.

글을 쓰기 위한 자세를 가다듬고 그 착상을 연결해 본다. 글에서 어떤 삶이 묻어나고 있을지, 어떤 의미를 담을 것인지, 핵심을 부각하는 생각에서 골똘하게 마음을 가다듬어 본다. 어떤 주제로 생동감 있는 소재를 불러들어야 하는지를 마음의 체험으로 답사를 해 본다.

일단 소재를 찾고는 수필의 전체 메뉴를 머릿속에 굴려본다. 틀 속에서 요점을 적어서 쓰기에 진입한다. 수필을 쓸 때는 퇴고의 매력에 있다는 것은 가위 불가불이다. 틈나는 대로 해야 한다는 것이다. 과연 나는 이런저

런 핑계로 퇴고에 정성을 들인 지가 몇 번이나 될까.

 살아온 생이나 살아야 할 삶의 모습들을 어렴풋하게라도 떠올리게 했는가. 주제와는 무관하지는 않았는가. 소재 연결은 적소 적시에 맞는가. 아름다움을 흐트러지게 하지는 않았는가. 무리한 상상은 없었는가. 온갖 생각에 생각을 동원하고서 점검을 해본다.

 한 편의 수필을 쓰려면 수십 번 거듭거듭 다듬고 바로잡아야 한다. 이런 것들이 퇴고의 매력 포인트가 되는 것이다. 어설프게 써 내려간 서두가 읽을수록 신중하지 않을 때가 있다. 좀 더 신선한 문구가 없을까 고뇌 속에 빠지기도 한다. 또한, 산뜻한 말로 여운을 남기면서 생기를 북돋아 주는 글 전체를 결말에서 찾지 못한다면 아쉬워지는 무게를 싣고 말게 된다.

 수필을 쓰면서 나름대로는 심혈을 기울였다고 생각은 하지만, 독자들이 이 사람은 무엇 때문에 이 글을 썼는가 하는 책망에 이르지나 않을까 염려에 늘 두려움이 앞선다. 한 편의 글은 심혈을 기울이고 개성적인 표현 문장으로 순수한 정성이 필요하기 때문이다.

 글 속에 헤엄친 지 10여 년 흐름 속에 서너 권의 수필집과 시집도 품었지만, 아직도 풍부한 글쓰기의 근성이 부족한 갈림길에 서 있다. 주어진 틀을 거울삼아 더 발전적인 글쓴이가 되기를 바란다. 부족한 나를 채우면서 품격을 쌓아야겠다. 무엇 때문에 써야 하는지 삶의 무게에 따라서 추는 움직일 것이다.

신행新行

 까마득히 40여 년 전 생각으로 정리한다. 직장을 다니면서 제때제때 혼인 규칙을 지킨다는 것은 쉽지 않았다. 신혼살림을 나오고 두어 주가 지나 시집에 신행을 다니러 갔다. 그 당시는 우리에게 개인차량이 있을 리가 없었다. 주례에서 동서대학교 주변에 조그마한 아파트를 장만해서 신접살림을 시작했다.

 신행을 갈 때는 빨간 치마에 색동저고리를 입었다. 버스로 해운대에서 다시 시외버스를 갈아타고 지금의 기장읍 좌천에서 하차, 장안리로 가는 시골 버스를 타야 했다. 가는 곳마다 색동옷 입은 신부를 보고 이쁘다고 한 마디씩 환호를 해서 좋은 기억으로 남았다.

 아들이 서른 중반이 되어 결혼했다. 6개월 전에 시작한 결혼식의 준비가 한여름을 넘기고 8월 말이 되어 식을 올렸다. 연일 불볕더위로 비지땀을 흘려야 하는 한더위다. 유독 땀을 많이 흘리는 남자 가족들이라 걱정이 되었다. 그것도 그레이스 K 부산점인 야외 결혼식이라 양복 주머니에 손수건을 하나씩 챙겨 넣어주었다.

  그런데 날씨가 전형적인 가을 날씨 같아 땀 한 방울 흘리지 않고 예식을 마쳤다. 혼주들의 살아온 심성이 남달라서 날씨마저 받쳐준다고 지인들이 칭찬했다. 야외 촬영에서 선선히 불어오는 바람에 신부의 화관이 바람결에 흩날리는 모습이 영화에나 볼 수 있었던 장면이었다. 매사에 감사해야 하는 시간이었다.

  예전과 달리 여성들도 사회로 진출하는 시대로 도래했다. 결혼식을 하고 주로 해외로 신혼여행을 하고 오면 시간을 넉넉히 정하여 신행을 온다. 한 달 만에 며늘아기가 시댁을 오는 날이다. 전날까지 일하고 마음의 준비만 해서 다녀가라고 했다. 추모 공원에 계시는 윗대 조상들을 뵈어야 하기에 조심스럽게 귀띔해 준다.

  가급적 무채색의 복장으로 준비하고 조상께 절을 하고 언양 집으로 가 식사할 것이라 했다. 일요일이라 그곳에는 새색시의 근황이 궁금한 곳이니 외투를 잘 준비하고 오면 좋겠다고 전날 살포시 일러줬더니 금세 답이 왔다. '네 어머니 내일 뵙겠습니다.' 하여 안심이 되었다.

요즈음 신세대 여성으로 보기에는 아주 정갈하게 복장부터 예의를 갖추고 내려왔다. 참 반듯하구나 싶었다. 어려움 없이 나에게도 상냥하게 대화를 엮어 가기도 한다. 한 달여 신혼살림에서 많은 것을 느꼈다면서 이것이 여성의 삶의 시작이구나 하여 눈물이 나더라고도 했다. 새아기가 영어 강사를 하고 있다. 저녁 늦게까지 진행이 될 때도 있어 아들이 마중 가기도 한단다.

바쁜 시간에 그래도 남편의 식사는 꼭 챙겨야 한다고 친정엄마가 일러주었나 보다. 하루는 찬이 든 통을 그냥 식탁에 올리니 아들이 '나는 신愼가 집안의 중요한 장남이니 다시 이쁜 그릇에 담아서 내어 오라' 해서 놀랐다고 한다. 우리 아들이 제대로 대우받으면서 살아갈 생각을 하는구나 싶었다. 나름대로 여성의 삶이 내포한 것이라고 일러주니 잘 알아듣는 지혜가 있는 며느리였다.

자식의 혼사를 끝내고 많은 일들이 산재해 있는 나는 마음 놓고 쉬어야 하는 시간이 주어지지 않았다. 급기야 문학 협회가 월례회를 하고 안정이 되는가 했더니 난데없이 등이 따끔거리고 감각이 없다는 것을 느꼈다. 아픔으로 신경이 곤두섰다. 슬슬 살집이 아파지는 게 좀 피곤해서 그런가 하여 병원에 가 수액을 맞고 약을 받아왔다.

며칠이 지났는데도 상황이 더 악화하는 듯했다. 한 열

흘이 지나서야 물집이 살짝 오르는 것 같아 다시 병원을 찾았다. 대상포진! 면역결핍증. 십여 년 전에 그런 일이 있어 빨리 치료하고 예방접종까지 했는데…. 내가 해야 할 도리도 끝내기도 전에 몸이 점점 아파지기 시작했다. 사흘이 지나 신행을 오기로 되어 있고 다시 병원을 찾아 영양제를 맞았다.

내 도리는 해야 했기에 먹거리를 준비하지 않을 수 없었다. 추어탕을 끓이기로 하고 미꾸라지를 사고 배추 시래기, 숙주, 토란 줄기와 고사리 등을 준비했다. 추모 공원 가는 과일도 준비하고 나물 색도 서너 가지로, 조기 생선도 사서 말리기를 했다. 얼갈이김치도 담그고 혼자서 분주하기만 했다.

저녁은 외식으로 때우고 아침은 집에서 정성을 들였다. 이럴 때는 아픔이라는 것이 달아나 버리는지 참을 만은 했다. 서울 사람답게 추어탕에 배초향이나 산초를 모르는 게 아닌가. 국물만 먹겠다고 다음부터는 다 잘 먹도록 하겠다고 하여 그 마음이 포근했다. 다행히 식사는 거뜬하게 잘하였다.

일찍 서둘러 추모 공원에 들러 조상님께 인사드리고 낮에는 언양 통나무집으로 가서 고기와 송이버섯을 준비하여 첫 손님을 맞이했다. 가리지 않고 잘 먹어주는 모습이 내 집안의 사람이구나 싶었다. 남편은 새아기가 시어머니와 도란도란 나누는 그 내면이 내가 그 예전 시어머니인 자기 엄마와 나누는 모습 같아 아련하다고 하면서 보기가 참 좋더라고 하였다.

기차 시간이 예약되어 서둘러 나와야 하는 하루를 보냈다. 가지고 간 찬들이 많이 남았다. 가상하게도 입맛에 맞는다고 다 사 달라는 게 아닌가. 김치는 자기 입맛에 맞고 또 뭐는 아들이 좋아한다고 기특도 한지고, 얼음을 넣고 정성 들여 다 사 보냈다.

명절이 되어 며느리들이 시어머니 것을 서로 가져가지 않겠다고 하여 만만한 큰 며느리에게만 한 보따리 사준다는 시어머니, 그 며느리마저도 휴게소에 와서 그대로 쓰레기통에 던져버린다는 일화, 집에 도착할 시간쯤 되어 시어머니가 전화해서 그 보따리에 현금 삼백도 같이 넣었다. 너 옷도 사 입고 아이들하고 맛있는 것 사 먹으라고 하는 시어머니의 음성에 다시 휴게소로 달려갔지만, 보따리는 감감무소식이었다.

그 며느리 일주일 동안 앓아누웠다고 하는 우스개 얘기까지 곁들였다. '어머니 그걸 아깝게 왜 버려요' 해서 역시 너는 내 며느리구나 싶었다. 도착하여 연발 감사하다는 전화가 귓전을 울렸다.

1집 등단작 『대숲을 찾는다』의 평설 중에서

유병근

  수필가는 누구든 그가 갖는 수필관에 다른 수필을 하기 마련이다. 그렇다고 수필관은 고정된 것은 아니다. 수필 문학을 하는 도중에 수필에 관한 개념이라고 할까? 수필가 나름의 새로운 수필 인식에 이르기 마련이다. 길은 하나가 아닌 두셋… 다양하게 변하는 가운데 참신한 수필에의 길을 찾는다.

  수필가 송차식의 경우 또한 어느 날 문득 새로운 수필관이 나타나서 수필이란 이런 것이라며 궤도수정을 하는 닐이 있을지도 모른다.

  수필가는 '인생 역경'이라는 언급을 함으로써 수필에서 중요한 사색의 길을 찾는다. 단순한 수필 문장은 독자를 편하게 할지는 모르나 수필 구성에서는 그다지 바람직스러운 일은 아니다. 문장은 다름 아닌 깊은 웅덩이다. 그

웅덩이 속에 뜬 하늘과 구름과 바람 소리다.

- 고 유병근 「평설」 중에서
2021년 4월 21일 스승 유병근 타계 하심

  선집 제목 「대숲을 찾는다」는 언 15년 전에 등단작으로 낸 작품입니다. 지난날의 나를 돌아보며 첫 기쁨이었다는 것 새삼 경이로움을 느낍니다. 수필집 「달이 참나무 가지에 걸리다」 「그날부터」 「구름아, 이 가을 너도 아는지」 「수측다욕壽則多辱」 4권의 책을 다시 한번 되돌아보는 계기가 되고 있습니다.

대숲을 찾는다

송차식 수필선

기행문

그곳은, 광활한 대지다

천만 명의 도시 상하이

중국 황룡의 자연 풍경구

중국 아홉 마을의 구채구

그곳은, 광활한 대지다(기행문)

천만 명의 도시 상하이

　여행을 좋아하는 여행 마니아들의 마음을 이해할 수 있는 계기가 되었다.

　초등학교 친구들의 해외 첫나들이, 이미 중국 여러 곳을 다녀온 친구도 있었고 해외여행이라면 처음인 친구도 있었다.

　처음인 친구는 너무나 마음이 들떠서 여러 날 전부터 잠을 설치기도 한다. 그 친구는 40대 혼자가 되어 아이 셋을 공부시키고 제과점 운영을 하면서 생업을 책임지고 있으니 대견한 친구이다. 너무나 즐거워해서 우리들도 덩달아 신이 나는 여행을 한 것 같다.

 중국 상해로 출발하여 1시간 20분쯤 지나 상해 푸둥 공항에 도착한다. 수속을 마치고 공항을 빠져나오니 정말 공항의 넓이가 넓었다. 모든 것이 오래되었다는 징표라도 하듯 색상들은 낡아 있다.

 대국의 느낌이랄까 전용 버스를 타고 목적지로 이동하는 데 가도 가도 끝없는 넓은 대지에 사람들의 왕래는 볼 수가 없다. 날씨가 흐린 탓일까 미세먼지일지 부옇게 하늘도 묻히고 시야는 가까운 것만 아련히 보일 뿐이다. 푸른 하늘이 그리울 때가 많은 중국 제2의 도시로서 정치, 문화 도시가 아닌 경제도시로 물이 풍부한 곳이다.

드라마 카인과 아벨의 촬영지인 주가각에 도착, 주가각 또한 상해 청포구 내에 자리 잡은 물이 많은 도시란다. 옛 주 씨들의 터전으로 크게 장사를 하여 이루어 놓은 성 같은 집이다. 지금은 몇 차례 주인이 바뀌면서 정부에서 관리한다고 한다. 물이 많은 그곳에는 조그만 나룻배를 이용하여 다음 장소로 이동한다. 물은 깨끗하지는 않았지만, 그곳의 사람들은 그 물로서 온갖 것을 다 한다니.

 나룻배를 타고 방생 교를 관람, 중국 본토의 시장으로서 물건을 사기보다는 외국인을 유치하기 위한 시설이 더 중요한 것 같다는 느낌이다. 장사하는 거리는 온통

하수구 냄새로 인해 한시도 더 걸어 다닐 수가 없다. 큰 나라라고 하지만 정부의 손길이 그리 많이 닿지 않은 곳 같기도 하다.

　상해에서 맑은 날씨로 햇빛을 볼 수 있는 횟수는 일년에 60일 정도이다. 한창 발전하고 있는 곳곳의 건물들이 높아만 가고 공해로 인한 기후 온난화 현상이 아닐까 싶다. 소나기가 자주 내리는 상해는 날씨가 맑고 파란 하늘을 볼 수 있다는 것은 여행지에서의 축복이 될 수 있다는 것이다. 오랜만에 햇빛을 볼 수 있는 날이다.

　상해 황푸강 유람이나 상해 야경을 보려면 밤을 잘 맞추어야 한다. 상해의 하이라이트인 도방 명주와 황푸강

유람을 통한 상해 야경은 빼놓을 수 없기 때문이다. 상해 최고의 야경을 보기 위해서는 황푸강 유람을 통해 아래에서 위를 바라보는 것이 가장 황홀하다고도 한다. 이번 여행에서는 버스를 타고 지나면서 황푸강 유람을 볼 수만 있었고 다음 기회를 기대해 보기로 한다.

대한민국임시정부 구지관리처大韓民國臨時政府舊址管理處를 방문한다. 항일 독립운동의 중심이 되었던 그곳 그분들이 없었다면 내가 이 나라에서 존재할 수도 없었겠다

싶다. 처음으로 갔지만 다 둘러보고 난 다음 나름의 기부금을 받고 있다. 일행은 몇 차례 왔다고 하면서 기부금에 대해서는 언급이 없다. 일행 중의 한 사장님이 조금의 기부금을 내놓는다. 나 또한 다녀온 기념으로 방명록에 기재하고 소액의 기부금을 내었다. 답례품으로 조그마한 수저통을 받았다. 소중함으로 고이 보관해 줄 것이다.

 부산의 광복동 거리를 방불케 하는 상해의 문화거리를 관람한다. 다양한 공방, 화랑, 액세서리, 쇼핑상품들이 즐비하다. 우리 취향에 맞지 않아 사고픈 충동이 일지가 않아 눈 쇼핑만 했다. 전날 소나기가 많이 내려 쇼핑을 할 수 없었던 중국인들의 모습이 날씨가 좋은 날에는 일시에 다 모여든 것 같이 복잡하기가 이를 데 없다. 또한 여행자들의 쇼핑과 휴식으로 즐기기에 좋은 명소이란다.

 저녁 시간을 맞추어 상하이에서 유명하다는 서커스 공연장을 들른다. 많은 박수갈채와 더불어 섬세한 집중을 요구하는 기술이기에 아찔하기도 하다. 사진이 절대 불가하다는 관계로 한 장도 찍을 수가 없다. 관람하는 자만이 보고 느끼고 가는 곳이다. 중국의 서커스가 그렇게 감동을 주고 감탄스러운지는 몰랐다. 종류는 여러 가지고 아찔한 광경으로 전율을 느낄 수는 있지만, 공연하는 분들의 위험성이 얼마나 많은 훈련과 연습을 하였을까 하는 안쓰러움이 없지는 않다.

중국은 휴양보다 관광을 선호하고 꽉 찬 일정을 소화하고 가장 볼거리가 다양한 여행지로서 좋은 여건이 되어 있는 것 같아 앞으로도 수많은 관광객이 다녀갈 것으로 보인다.

중국 황룡의 자연 풍경구

상해 푸둥 공항에서 출발, 3시간 30분을 비행, 오전 11시가 지나서 구채구 공항에 도착한다. 날씨는 아주 청명하고 주위는 선명하고 깨끗하다. 상하이 날씨와는 전혀 다르다. 우리들의 입맛에 맞는 식당에서 점심을 먹고 황룡 자연 풍경구를 향해 이동한다.

달리는 버스는 고불고불 티베트족들이 사는 곳에 도착. 2008년 그곳에는 대지진 참사로 인하여 관광이 중단되었던 곳이다. 정부가 모든 것을 입수하고 살아갈 수 있는 집을 지어주고 관광객을 받아들이고 있다. 이곳 티베트족들은 평소에 목욕을 잘하지 않는 풍습이 있어 더럽고 냄새가 많이 난다. 그들은 평생에 세 번 목욕하는

데 태어날 때는 어머니가, 결혼할 때 본인이, 죽을 때는 자식이 씻어준다는 풍습이 있었다. 정부에서 집을 지을 때 태양열로 온수가 나오게 하고 관광객을 받으려면 좀 씻으라고 하여서 풍습이 많이 달라졌다고 한다.

높은 바위들과 들판에는 초원으로 깔려 있고 야크와 말들이 한가로이 풀을 뜯고 있다. 산은 나무들이 없는 넓은 초원이다. 티베트족들은 라마교를 믿으며 단순하고 순하다고 한다.

주택은 난방시설이 없으니, 난로만 피울 수 있고 추울 때는 옷을 벗지 않는다고 한다. 습하기 때문에 1층은 가축을 키우고 2층에서만 살고 3층은 라마교 불상을 모신다.

가구마다 5색 깃발을 꽂아 놓고 글자는 잘 모른다고 한다.

그곳 원주민만이 할 수 있는 산에는 송이, 능이, 목이 버섯이나 동충하초 등을 캘 수 있는 권한이 있다. 전에는 유목민이 많았는데 정부에서 일 년에 한 사람당 2천만 원씩 지원해 주고 취직을 시켜주고 장사를 하게 하여 부유한 생활을 한다고 한다. 아홉 마을의 원주민 중에서 세 마을만이 정부에 손을 들어준 것이라고 한다.

그곳에는 티베트족들이 5,000명 정도 살고 있다. 그들에 의해서 황룡이나 구채구의 비경이 더 아름답게 유지될 수 있고 환경이 깨끗하게 보존된다. 그들의 장례문화는 우리 문화와는 달리 죽으면 토막을 내어서 머리는 묻고 몸의 살은 독수리에게 먹인다. 뼈는 태워서 독수리가 먹으면 다음 세계는 좋은 곳으로 환생한다고 믿는다.

일반의 사람이 죽으면 수장을 한다. 조류 고기나 물고기를 먹지 않는다. 그러면 다시 태어나는 환생을 한다고 믿는다. 병들거나 나쁜 짓을 한때는 꽁꽁 묶어 땅에 묻고는 깃발을 꽂아 놓는다. 그러면 다음에 환생하지 않고 지옥으로 간다고 믿는다. 결혼 문화는 여자가 적기 때문에 일처다부제로 하고 있으면 아이가 태어나면 제일 큰아들이 아빠가 되고 동생들은 모두가 삼촌이 된다고 한다.

달리다 보니 멋지게 집을 지어 놓고 아울러서 사는 족

도 볼 수 있다. 그들은 비밀이 많은 소수민족이라 2008년 반란으로 지금은 평정이 되어 중국에 소속되어 열심히 살아가고 있단다.

　버스로 7.5km 가서, 3~4시간을 걸어야 하는 고원지대로 고산병이 와서 위를 부풀게 한다고 하여 먹는 것도 조금 먹으라고 주의를 준다. 버스를 타고 오면서 벌써 고산병이 겹쳐오면서 한 친구는 머리가 아프고 울리는 증세를 보였다. 산을 오르지도 못하고 몇 시간을 버스에서 힘들게 기다린다.

황룽에는 소수민족 중 아홉 번째로 많다는 티베트족들이 살고 있으며 그들은 해발 4,000m의 고지에서 원주민으로 전체 800만 명 중의 120만 명으로 이루어 산다.

'이승의 성경'이라 불리는 황룽의 관광은 올라가는 케이블카를 타기 위해 줄을 서 있는 모습이 이곳에서만 볼 수 있는 광경이었다. 거기서 벌써 많은 시간을 지체한다. 아직도 지나쳐야 하는 구간이 많은데 시간이 촉박할 것 같다.

1시간 반을 줄 서서 기다려 케이블카를 탄다. 속도가 얼마나 빠르던지 뒤로 돌아보니 아찔하다. 90도로 오르는 케이블카는 울창하게 우거진 나무와 나무 사이를 오가는 곳이다. 황홀한 비경이다. 그곳에서부터 몇 시간을 걸어서 내려와야 한다. 7시가 지나서 해가 뉘엿뉘엿 넘어갈 즈음 도착이다.

우리나라 4월 상순 정도의 기후로 한창 이름 모를 꽃들과 연초록의 잎사귀들은 싱그러움을 더해가고 있다. 어느 정도 가다 멀리 나무 사이로 푸르게 고여 있는 옥색 물이 아련히 보인다. 그것을 보기 위해 국내외에서 많은 사람이 몰려들고 있다.

　4,000m 고지에 오르니 우리나라 남해의 다랑논을 연상케 하는 옥색의 물이 담긴 자연의 모습이 장관을 이룬다. 모두가 환호성을 지르고 신기하기만 하다. 물 밑에 석회석으로 싸여 푸르고 예쁜 물 색깔이 된다고 한다. 그곳을 지나 조금 더 내려오니

　바닥이 누렇게 굳어버린 곳은 물이 수도 없이 흘러내리고 있다. 중턱에 UNESCO가 세계 자연 문화유산으로 지정한 황룡을 기념하기 위해 지은 사당 황룡사를 관람하고 지는 해를 바라보며 서둘러 내려온다. 고지의 기압이 낮아지고 외투를 준비 못 한 친구들은 추워서 많이 떨기도 했다.

 몇 시간을 걸으면서 아름다운 경치는 한없이 가슴에 담았지만, 숙소에 이르니 다리가 모이고 심한 피로로 눈이 감긴다. 저녁 식사로 한국식 삼겹살 구이가 나오는 식당에서 시원한 맥주로 목을 축이고 입맛에 맞는 식사를 했다. 한국에 돌아가 누구에게라도 이곳 황룡을 한번쯤은 관광해 보라고 권유해 보고 싶다.

중국 아홉 마을의 구채구

 중국의 구채구(九寨溝, 주자이거우)는 골짜기 안에 아홉 개의 장족 마을이 있어 지어진 이름이다. 그야말로 원시적인 자연이 보존된 아름다움이 가미된 유네스코 세계

문화유산으로 지정되어 있다.

　구채구 명소로는 수정 폭포, 서우해, 낙알강 폭포, 거울 호수, 진주탄 폭포, 오화해. 판다해, 장해 등을 꼽을 수 있다. 여기서 폭포는 장관을 이루는 것은 말할 것도 없으며 다섯 가지의 빛깔로 어우러지는 오화해, 유일하게 판다들이 뭉쳐서 물을 마시고 살아가는 판다해가 아주 인상 깊다.

　이른 시각에 맞추어 버스 주차장으로 간다. 이미 많은 관광객의 인산인해로 중국인, 일본인, 한국인들의 모둠 장소인 것 같다. 먼저 정부에 손을 들어준 티베트 원주민들의 세 개 마을 중 한 곳의 주거지를 둘러보고 이 마을들은 정부에서 해마다 한 사람당 이천만 원씩 지원하고 직업을 구해주어 주민 관광 상품을 판매할 수 있는 상가를 운영하고 있다. 6개 마을의 원주민은 아직도 자연인으로 살아간다.

티베트 원주민 마을의 가이드로 일하는 조선족 3세인 여성은 여기처럼 오지에서 3년을 근무하게 되면 중국 최고의 직업인 공무원으로 임용이 된다고 한다. 저녁에는 식당에서 아르바이트로 일을 하며 열심히 살아가는 모습이 그 옛날 우리를 보는 것 같다.

중국이 물이 부족하다는 말을 무색하게 한다. 심산계곡에서 쏟아지는 수정 같은 폭포수는 뭐라고 형용할 수

가 없다. 산이 두 손 모아 물을 모아둔 듯하고 웅장한 폭포수는 거대한 물 커튼을 만들기도 하고 오색찬란한 물이 흘러내리는 구채구는 신선이 살아가는 곳이랄까. 그곳에 서 있으면 신선이 된 것 같은 기분이 들게도 한다.

구채구는 해발 3,000m에 이르는 고산 지역이다. 114개의 푸른 호수와 17개의 아름다운 폭포, 11개의 산을 깎아지를 것 같은 급류, 5개의 칼슘화 여울이 있으며 9개의 티베트 마을로 이루어진 동화 속에 있을 법한 느낌을 받는 아름다운 비경이다. 114개 중의 최고의 절경인 3개를 둘러보고 주차장에 도착하니 많은 사람과 관광버스들이 줄을 서고 버스 타기에 아우성친다. 요즘에는 예전과 달리 중국인들의 관광 모습이 높은 비율을 차지한다고 한다.

2008년 황룡의 대형 지진 참사가 있고는 한동안 한적했던 곳이지만 다시 모여든 관광객들의 수는 이미 몇십만 명을 능가한다. 구채구의 군데군데 버스를 타고 내려오면서 폭포를 관람한다. 4개의 폭포는 산맥을 타고 쏟아지는 해맑은 물은 장관을 이룬다. 일행들은 가는 곳마다 탄성을 지른다. 이곳 안전하게 오르내리는 올레길은 모두가 나무로 만든 계단이다. 나무의 풍부함이 한눈에 들어온다. 미끄럼을 방지하기 위한 깔개를 한 곳도 있고,

미끄러지듯 흘러내리는 물의 속력은 깊은 산에서 쉽게 보기 힘든 절경이다.

 입구에서 표 한 장만 구매하면 공간 없이 달리는 버스는 곳곳에서 타고 내릴 수 있다. 성수기가 아닌 7월의 시기라지만 관광객의 수는 더할 나위 없이 붐빈다. 우리나라의 4월 상순쯤의 계절로서 연둣빛의 숲들과 간간이 알 수 있는 산나물들을 볼 수 있고 이름 모를 야생 꽃들의 천국이다.
 넓고 거리가 먼 이곳은 버스를 타기도 하고 걸어서 다녀야 하는 관광지로서 다리는 무겁고 조금은 힘은 들지만, 아름다운 폭포와 비경에 심취되어 힘든 것도 잊을

수 있다. 좌우로 나누어진 코스를 관광하고 세계 관광객들의 단체 식당 코스인 대형식당에 들른다. 그렇게 어마어마한 식당을 보기는 처음이었다. 음식은 그런대로 본토 식사와는 달리 먹을 만은 하다.

 오후에 다시 몇 개의 호수와 폭포를 관람한다. 또 한 곳 원주민들이 살아가는 마을을 둘러보고 구채구의 비경들은 가슴 깊이 안는다. 다시 한번 이곳을 올 기회가 있을까 하는 아쉬움을 남기고 구채구의 풍경구를 벗어나 발 마사지하는 그곳의 풍습을 맛보다. 직업적으로 젊은 남녀들의 힘 솜씨에 어깨와 발의 피곤함이 단숨에 풀리는 것 같다. 겨우 한국말은 몇 마디씩하고 알아듣는 그 사람들의 생애가 애처롭기까지 했다.

호텔 숙소에 들어와 함께한 일행들이 한곳에 모인다. 한 일행 부부는 현지 맥주와 수박을 사고 2박 3일의 정을 쌓기도 한다. 처음 보는 부부 동반의 일행들은 여행을 자주 하는 분들로 아주 인정이 있고 좋은 분들이다.

다음날 5시에 기상
구채구(주자이거우)의 마지막 식사는 호텔 뷔페에서 하고 상해로 가기 위해 비행기에 몸을 싣는다. 공항으로 가기 위해서는 1시간 40분을 버스로 달려야 한다. 아침 공기는 맑고 주위는 아직 개발이 이루어지고 있는 곳이고, 비포장도로는 현지 버스 기사들의 무례함이 이루 말할 수가 없다. 한 시간 반 운행 중 클랙슨을 울려대는 데 불안하기 그지없다. 하지 말라고 하면 통하지 않아 아무 곳에나 내려놓고 가버리는 경우가 있어 비행기 시간에 늦어 당황하는 일도 있다고 한다. 가이드의 에피소드로 이곳의 기사들은 3가지 대학을 나와야 한다고 하는 추월대, 빵빵대, 들이대기 대라고 하여 어처구니없이 웃을 수밖에 없다.

가도 가도 끝이 보이질 않을 것 같은 높고 푸른 산들과 넓은 대지는 아시아의 패권국임에는 손색이 없을 것 같다. 우리나라, 그것도 반으로 나누어진 비애를 많이 느낄 수밖에 없는 곳, 구채구의 아름다운 비경을 강원도 깊은 골에다 옮겨 올 수만 있다면 하는 아쉬움을 남기고, 구채구의 멋진 여행은 생활의 활력소가 되었다.

작가 연보

- 1957   부산 정관 출생
- 1976   동래여자고등학교 졸업
- 1977 ~ 1987   10년 부산세관근무 퇴직
- 2003 ~ 2015   아들 둘 미국유학 졸업, 군복무 마침
- 2009 3 ~ 2013. 2   한국방송대학 국어국문학과 입학, 졸업
- 2012   『수필과 비평』 신인상 수상, 수필가로 등단
- 2012   수필과비평작가회의, 부산수필과비평작가회 회원 등록
- 2013 ~ 2015   부산대학교 환경대학원 석사입학, 졸업
- 2013   부산광역시문인협회 회원 등록

- 2015 ~ 2016   2년 동래여자고등학교 총동창회 사무국장 역임
- 2015   부산수필문인협회 회원 등록
- 2015   샛별장학회 이사 가입 (현재까지)
- 2015   작은봉사 여성회 이사 가입

- 2016 ~ 2017   부산수필과비평작가회 사무국장 역임
- 2016   첫 수필집 〈달이 참나무 가지에 걸리다〉 발간
- 2016   서울 『문학시대』 신인상 수상, 시인 등단
- 2017   첫 시집 〈차茶 향기 속으로〉 발간
- 2018 ~ 2019   부산수필과비평작가회 홍보국장 역임
- 2019   부산문화재단 창작지원금 수혜
- 2019   두 번째 수필집 〈그날부터〉 발간

- 2019~   부산 동래문인협회 부회장
- 2020 ~ 2021   부산수필과비평작가회 재무국장 역임
- 2020 ~ 2021   부산수필문인협회 이사 역임
- 2020   부산 문학인아카데미 공동발행인
- 2020 ~ 2021   계간 문심文心 편집위원 & 편집위원장

- 2021   한국문인협회 회원 등록
- 2021   기장문인협회 회원 등록
- 2021   부산해운대 동백섬 시화전 두 점 (시, 수필)
- 2021   부산문학인 아카데미 공동발행인 대표
- 2021   세 번째 수필집 〈구름아, 이 가을 너도 아는지〉 발간
- 2021   부산수필과비평작가회의 부회장 임명
- 2021   이삭문학회 온천천 시화전 시화 두 점

- 2022   《문심》해운대 동백섬 시화전 두 점 (축제, 치아)
- 2022   부산수필문협 수필 〈맛의 승부〉
- 2022   부산수필과비평 수필 〈돌아온 핸드폰〉
- 2022   《문심》 여름 수필 〈벌의 생태〉
- 2022   한국문협 여름 수필 〈물안개 속의 빌딩〉
- 2022   기장문협 수필 〈백문불여일견〉
- 2022   제2 시집 〈얼떨결에〉 발간
- 2022   장남 정우 결혼, 시집 〈얼떨결에〉 500권 축하 선물
- 2022   금정구 이삭문학회 온천천 시화전 두 점
- 2022. 10   동래읍성 백일장 심사위원 참석

- 2023   부산문학인협회 회장 취임(2023 ~ 2025.1)
- 2023   금정구 이삭문학회 온천천 시화전 두 점
- 2023   부산문학인협회 임원 범어사 문학 토크
         충남, 공주, 논산 일원 봄문학 기행
- 2023   동래구 주부들의 일상생활 글짓기 심사위원 참석
- 2023   부산문학인협회 〈문심문학상〉 시상식-대상 서태수
- 2023   부산문학인협회 해운대 동백섬 시화전 두 점 (9월)

- 2024   부산문학인협회 해운대 동백섬 시화전 두 점 (4월)
- 2024   영축문학 수필 〈한 끗 차이〉

- 2024 부산문화재단 창작지원금 수혜
- 2024 〈수측다옥〉 제4 수필집 발간
- 2024 기장군청 군보지 수필수록 〈벌의 생태〉
- 2024 부산문학인협회 〈부산문학인문학상〉 시상식
- 2024 동래문인협회 시화 〈9월, 그리움〉〈 동해남부선〉
- 2024 부산문학인협회 〈거제 통영〉 가을기행
- 2024 부산문학인협회 〈문심문학상〉 시상식-대상 최옥자
- 2024 부산어린이독서선발대회 3개 초등 부산문학인협회장상 수여

- 2025 부산문학인협회 정기총회 및 회장 이·취임식, 회장 임기 2년 마치다.
- 2025 한국문인협회 수필 〈내 생의 뿌리〉
- 2025 부산수필문협 수필 〈카풀막진 언덕〉
- 2025 부산문학인협회 봄 수필 〈을사년의 새 느낌〉
- 2025 부산문학인협회 동백섬 시화 두 점 〈3월이 오면〉, 〈종이컵〉
- 2025 대마도 황룡사 답사(황룡문학상 시초 예정)
- 2025 부울신문 문학포럼 총괄 상임이사 임명(전)
- 2025 노벨재단 공동 국회의사당 시화전 1편 〈금정산 올라〉
- 2025 부산수필과비평 수필 〈전포동 깨비언덕〉
  - 내고장 '부산'에 헌정하다
- 2025 부산기장문협 수필 〈미역의 풍미와 추억〉
- 2025 기장군청 군보지 수필수록 〈정수기, 생명을 여과하는 기계〉
- 2025 《문심》 여름호 수필 〈대마도 탐방〉
- 2025 부울 문학포럼 봄 수필 〈산사에서 다진 마음〉, 시 〈건낭나깅建陽多慶〉
- 2025 부산수필문예 여름 수필 〈앨버트로스-하늘을 나는 환상의 새〉
- 2025 부울 문학포럼 온천천 카페거리 시 낭송 및 버스킹

- 2025   부울 문학포럼 온천천시화 3편 〈봄맞이꽃〉,
         〈온천천에서〉, 〈동백꽃 흐드러질 때〉
- 2025   부울 문학포럼 문학기행 울산, 경주 일대
- 2025   도서출판 해암 선수필 출간

문단활동

한국문인협회, 부산광역시문인협회, 부산문학인협회, 수필과비평 작가회의, 부산수필과비평작가회, 부산수필문협, 드레문학회, 동래문인협회, 기장문인협회, 부울신문 문학포름

저서

수필집 : 『달이 참나무가지에 걸리다』(2016)
　　　　『그날부터』(2019) – 부산문화재단 창작지원금 수혜
　　　　『구름아, 이 가을 너도 아는지』(2021)
　　　　『수측다욕壽則多辱』(2024) –부산문화재단 창작지원금 수혜

시　집 : 『차茶 향기 속으로』(2017)
　　　　『얼떨결에』(2022)

수상 및 표상

- 2020   동래문학 제1회 우수작품상 수상
- 2020   제27회 부산문학상 우수상 수상
- 2021   제2회 부산문학인협회 문심문학상 본상 수상
- 2023   부산문학인협회 저작상 대상 수상
- 2023   금정구 이삭문인협회 작가상 수상
- 2025   부울신문 시 신춘문예 당선 〈자화상〉 외 9편

수필 선집 : 『대숲을 찾는다』(2025)

대숲을 찾는다

인쇄일 2025년 6월 24일
발행일 2025년 6월 27일

지은이 송차식
펴낸이 박철수
펴낸곳 도서출판 해암

등록번호 제325-2001-000007호
주소 부산시 중구 대청로 138번길 9 (대원빌딩 302호)
전화 051)254-2260
팩스 051)246-1895
메일 haeambook@daum.net

ISBN 978-89-6649-263-3 03810

값 15,000원